Über den Autor

Sascha Maurer, geb. 1965, ist Experte für die Neuausrichtung von Leben, Beruf und Persönlichkeit. Er ist ausgebildeter Diplom-Psychologe und Diplom-Betriebswirt/FH und seit 2008 freiberuflich als Management-Berater, Führungskräftetrainer und Life & Business Coach – auch online - tätig. Zuvor war er mehr als zehn Jahre in marktführenden Unternehmen der Automobilindustrie, der Wirtschaftsprüfung und des Versandhandels in der Personal- und Organisationsentwicklung als Berater, Trainer, Coach und Senior Manager tätig und ist Gewinner des Deutschen Trainingspreises in Silber.

tredition®

SASCHA **MAURER**

NEUAUSRICHTUNG JETZT!

„Leben ist aussuchen."

Kurt Tucholsky
(1890 - 1935)

Dem Leben,
Der Liebe,
Meinen Liebsten und
Deinem Mut zur Veränderung
gewidmet!

tredition®

Sascha **Maurer**

Neuausrichtung **JETZT!**

ERFINDE DICH NEU, BEVOR ES DAS LEBEN TUT

Wie Du Dein Leben, Deinen Beruf und Deine Persönlichkeit nachhaltig sinnvoll und erfolgreich neuausrichtest

Coaching by Sascha **Maurer**.
Der **Neuausrichter**. Für **das Beste in Dir.**

Impressum

© 2020 Sascha Maurer

Herausgeber: Coaching by Sascha Maurer.
Autor: Sascha Maurer
Umschlaggestaltung, Illustration: Sascha Maurer
Lektorat, Korrektorat: Brigitte Sumetsberger
Bildquellen: Peter Samer, Sascha Maurer; www.canva.com;
www.pxhere.com

Verlag & Druck: tredition GmbH, Halenreie 40-44,
D-22359 Hamburg

ISBN
Paperback   978-3-347-21905-2
Hardcover   978-3-347-21906-9
e-Book   978-3-347-21907-6

Bibliografische Information der Deutschen Nationalbibliothek: Die Deutsche Nationalbibliothek verzeichnet diese Publikation in der Deutschen Nationalbibliografie; detaillierte bibliografische Daten sind im Internet über http://dnb.d-nb.de abrufbar.

https://saschamaurer.coach/buch
s.maurer@mylifetalents.de

 tredition®

Inhaltsverzeichnis

**Eines Tages fragt eine Mutter
ihren 6-jährigen Sohn:**

„Was ist für Dich der Sinn des Lebens?"

„Einfach zu leben und frei zu sein."

„Und was bedeutet für Dich Erfolg?"

*„Wenn ich etwas schaffe,
was ich mir vorgenommen habe."*

Vorwort

„Das Ziel des Schreibens ist es, andere sehen zu machen."

Joseph Conrad (1857 - 1924)

Du bist Unternehmer, Selbständiger oder Manager, befindest Dich in einem tiefgreifenden Umbruch von Leben, Beruf und Persönlichkeit – und willst endlich raus aus der Sackgasse Deines kostbaren Lebens und nachhaltig selbstbestimmt, sinnerfüllt und erfolgreich leben?

Du bist erfolgreich und dennoch unzufrieden mit Deinem Job, etabliert und doch unerfüllt im Leben, sozial anerkannt und trotzdem trifft Dich das täglich stärker werdende Gefühl von Langeweile, Frustration, Erschöpfung oder Sinnlosigkeit? Du bist von Deinem Leben, Dir selbst und Deinem Beruf genervt – und wohlwissend, dass Du schon lange etwas hättest ändern müssen, hast Du bisher nichts dafür getan, um Dich in Deinem Leben endlich neuauszurichten?

Oder Dein Leben zwingt Dich gerade – zum Beispiel durch Kündigung, Verlust oder Scheitern, Dich Deiner Lebensführung, Berufung oder Persönlichkeit zu stellen und Dich grundlegend neuauszurichten? Und Dir ist nun endlich klar:

- *Ich bin aus meiner Komfortzone herauskatapultiert worden!*
- *Ich stecke in einem schmerzhaften Status quo fest!*
- *Ich spüre, dass ich so nicht weitermachen kann!*
- *Ich will endlich das Leben meiner Wahl führen!*
- *Ich stehe an einem kritischen Wendepunkt meines Lebens!*

So oder so, existenziell: *Du stehst JETZT an einem echten Scheideweg in Deinem Leben!*

Dann bist Du hier – *als Unternehmer, Selbständiger und Manager am kritischen Scheideweg und Wendepunkt Deines Lebens* – richtig, wenn Du JETZT eine klare Neuausrichtung Deines persönlichen Lebens- und Berufsmodells für Deinen weiteren Lebensweg suchst. Wenn Du endlich das tun möchtest, was am besten zu Deiner Persönlichkeit passt und Dich erfüllt und nachhaltig erfolgreich leben lässt.

Und wenn Du ein *selbstbestimmtes, sinnstiftendes und erfolgreiches Leben voller Wohlbefinden, Lebensqualität und Nachhaltigkeit* führen willst, und Du endlich die beste Phase Deines Lebens erleben möchtest!

Persönliche Reflexionsfragen

- Hast Du das Gefühl an einem kritischen Scheideweg, an einem besonderen Wendepunkt im Leben zu stehen?

- Verspürst Du JETZT den starken Wunsch und Drang, die Routine und Langeweile Deiner persönlichen Work-Life-Management-Mühle zu verlassen?

- Bist Du erschöpft, unzufrieden und frustriert durch Dein aktuelles Lebens- und Berufsmodell?

- Spürst Du tief in Dir fehlende Erfüllung und geringes Wohlbefinden?

- Ist Dir unklar, wie Deine bestmögliche Neuausrichtung von Leben, Beruf und Persönlichkeit aussehen kann?

Bist Du endlich soweit, Dir Zeit und Raum zu schenken, Dein Leben bewusst, konsequent und nachhaltig neuauszurichten, und Dich gerade noch rechtzeitig zu entscheiden, von tiefergehenden Gesundheits-, Sinn- und Lebenskrisen verschont zu bleiben?

Dann lies nun sehr aufmerksam, bewusst und konsequent meinen Ratgeber *„Neuausrichtung JETZT! Erfinde Dich neu, bevor es das Leben tut"*!

Ein besonderer Ratgeber, durch den Du Klarheit darüber bekommst, wo es in Deinem Leben, Deinem Beruf und Deiner Persönlichkeit gerade stockt. Warum Du bisher nicht auf Deinem Weg zu mehr Sinn, Erfolg und Wohlbefinden weitergekommen bist.

Ein kostbarer Ratgeber, der Dich zur besten Phase Deines Lebens führen wird. Wie der nachhaltige Weg zu Deiner Neuausrichtung aussehen kann. Und wie Du selbst zum Experten für die erfolgreiche Neuausrichtung Deines Lebens wirst.

Und ein einzigartiger Ratgeber, in dem Du wertvolle Basisinformationen zu Deiner Neuausrichtung, einfache Übungen zur Selbsteinschätzung Deiner Lebenssituation, persönliche Reflexionsfragen zu Deinem wahren Potential, anregende Informationsboxen zur Vertiefung Deines Wissens erhältst.

Und Du findest konkrete Fallbeispiele von Unternehmern, Selbständigen und Managern, die bei mir ein professionelles Coaching zur nachhaltig sinnvollen und erfolgreichen Neuausrichtung von Lebensführung, Berufung und Persönlichkeit in Anspruch genommen haben.

Ich wünsche Dir viel Inspiration, Erkenntnis und Freude beim Lesen dieses Ratgebers – und vergiss nie: **Erfinde Dich selbst neu, bevor es Dein Leben für Dich tut!**

Dein Sascha **Maurer**
Der **Neuausrichter.** Für **das Beste in Dir.**

Hopfen am See, 16. Dezember 2020

Einleitung

„Das ganze Leben ist ein ewiges Wiederanfangen."

Hugo von Hofmannsthal (1874 - 1929)

D ieser Ratgeber ist ein Buch der Inspiration, Erkenntnis und Bewusstheit – vor allem aus einer psychologischen Perspektive, da ich in meinem Selbstverständnis mit Leib und Seele ausgebildeter Diplom-Psychologe bin. Ich möchte Dich mit fundierten Inhalten, erkenntnisreichen Methoden und inspirierenden Impulsen immer wieder dazu anregen, Dich selbst konstruktiv-kritisch, ehrlich und klar zu reflektieren.

Und dabei zu entdecken und zu erkennen, wo Deine Stärken, Ressourcen und Potentiale, aber auch Deine persönlichen Grenzen, Blockaden und Einschränkungen in Deiner Lebensführung, Berufung und Persönlichkeit liegen - und wo und wie Du Wege, Schlüssel und Möglichkeiten zur besten Phase Deines Lebens finden kannst.

JETZT stehst Du vor einem existenziellen Neubeginn!

So wie ich vor vielen Jahren, als ich in einer beruflichen und persönlichen Sackgasse, an einem existenziellen Scheideweg meines Lebens stand, an sich wusste, dass ich etwas verändern sollte, aber nichts dafür tat - und immer unzufriedener mit mir selbst, immer unglücklicher mit meinem Beruf und immer unerfüllter in meinem Leben wurde.

Als freiberuflicher Führungskräftetrainer und Business Coach war ich über mehrere Jahre wochenlang mindestens vier Tage/Woche unterwegs. *„Ha, ein Luxusproblem, na und!?"*, denkst Du sicher. Mag sein, doch für mich wurde es immer verhängnisvoller und existenzieller!

Denn ich saß am Wochenende nur noch körperlich und emotional erschöpft auf dem Sofa herum, war von meiner Lebenspartnerin, einer Yogalehrerin, zu nichts zu bewegen, wollte mich nur durch Nichtstun entspannen, war aber sonntags oder montags bei der nächsten Anreise zu einem Führungskräftetraining oder Management-Workshop immer noch hundemüde, total platt und schlecht gelaunt.

In den Workshops, Trainings oder Führungskräfte-Coachings spürte ich eine immer größer werdende Abneigung gegenüber meinen Kunden, meinen Dienstleistungen, gegenüber mir selbst und meinen Rollen als Trainer, Coach und Berater, obwohl ich diese alle von Herzen liebte.

Ich funktionierte nur noch!

Bis ich mich im Sommerurlaub gemeinsam mit meiner Partnerin und unserem Sohn auf eine 10-Tages-Wanderung entlang des Lechs von Füssen, unserem Wohnort, bis zum Formarinsee in Vorarlberg, der Quelle des Lechs, gemacht habe. Mit jedem Schritt weg von unserem Wohnort hin zur Lebensquelle des Lechs wurde mir klar und klarer, dass ich so nicht weitermachen konnte, wenn ich nicht wollte, dass ich in völliger Erschöpfung, extremer Aversion und existenzieller Sinnlosigkeit auf meinem Sofa enden möchte!

Nach der gemeinsamen Wanderung war ich endlich bereit, mir – als Psychologe und Business Coach – professionelle Unterstützung und Beratung durch einen Trainer- und Coaching-Kollegen zu nehmen, der mir half zu verstehen, was ich mir in den erfolgreichen, aber mich erschöpfenden und unerfüllten Jahren antat und warum ich es tat.

Mir wurde sehr bewusst, was ich alles gegen und nicht für die damals längst notwendige Neuausrichtung meines Lebens, meines Berufes und meiner selbst tat. Mir wurde klar, was mich tatsächlich hinderte, ich schlichtweg nicht sehen konnte und wollte, um mich endlich im Leben und Beruf erfolgreich und sinnerfüllt neuauszurichten:

- **Falsche Ansprechpartner im sozialen Umfeld:** Ich besprach meine damalige Situation unter anderem mit Menschen aus meinem beruflichen und persönlichen Umfeld, die Teil meiner Belastung, Unzufriedenheit und Frustration waren und mir sagten, alles sei gut, es ginge schon wieder vorüber, oder dass ich nichts ändern müsste.

- **Unberücksichtigte Sorgen wichtiger Bezugspersonen:** Ich selbst berücksichtigte die Wünsche, Ziele und Bedürfnisse meiner wichtigsten, geliebten Bezugspersonen viel zu wenig - meine Partnerin z.B. wies mich schon lange daraufhin, dass etwas mit mir nicht stimmte und ich etwas ändern sollte - und überhörte mehr oder weniger bewusst die geäußerten Sorgen meines persönlichen Umfelds.

- **Fehlender Schmerz und Handlungsdruck:** Ich belog mich lange selbst, dass ja alles doch nicht so schlimm sei, und sich meine Unzufriedenheit und Frustration schon wieder legen und vorübergehen würden – obwohl mich die Situation um meinen Schlaf, meine Energie und meine gute Stimmung brachte.

- **Unangemessene Gewohnheiten und Muster:** Wie ein Süchtiger hielt ich weiterhin an persönlichen Gewohnheiten und Verhaltensmustern fest, obwohl ich ganz genau wusste, dass sie mir nicht guttaten, wie z.B. täglich langes Arbeiten ohne echte Pausen, Arbeiten am Abend, ohne abzuschalten, unausgewogene Ernährung oder mangelnde Bewegung.

- **Unpassende Überzeugungen und Glaubenssätze:** Ich hatte persönliche Glaubensätze und Überzeugungen, die mich an meiner damaligen Lebenssituation festhalten ließen und meine Neuausrichtung verhinderten, wie z.B. *„Einen sicheren Auftrag gibt man nicht auf!"*, *„Sei immer stark, gib niemals auf!"* oder *„Das schaffe ich schon alles!"*

- **Fehlende Übereinstimmung von Bedürfnissen und Zielen:** Ich wollte mehr oder weniger raus aus meiner beruflichen Situation, doch das, was ich damals als neue Perspektive – zurück in eine Festanstellung - anstrebte, passte überhaupt nicht zu meinen persönlichen Bedürfnissen und Motiven. Daher war ich nicht motiviert genug, um ernsthaft den Neuanfang hin zu einem passenderen Weg und Ziel zu starten.

- **Fehlende Selbstverantwortung und Handlungen:** Ich übernahm keinerlei Verantwortung für die notwendige Veränderung meiner Situation, lamentierte über mein stressiges Leben und meine hohe Arbeitsbelastung, tat aber nichts, um etwas an der Situation aktiv und bewusst zu ändern.

- **Fehlender Mut und bestehende Ängste:** Mir fehlte letztendlich der Mut und der Wille zu meiner echten Neuausrichtung, weil ich Angst hatte, nicht erfolgreich zu sein und nicht das Richtige zu tun - und Angst hatte, meinen bisherigen finanziellen Status, mein soziales

Ansehen und meinen persönlichen Lebensstandard zu verlieren.

Kurzum: Ich war zwar völlig erschöpft und unerfüllt, übermüdet und mit meinen Nerven am Ende, aber noch nicht wirklich bereit – und fast schon nicht mehr in der Lage, mich in meinem Leben und Beruf nachhaltig sinnvoll und erfolgreich neuaufzustellen, obwohl es allerhöchste Zeit für mich war!

Infobox 1: *Lebensstil von Gesundheit und Nachhaltigkeit*

(1) *Nachhaltigkeit*: Nachhaltigkeit wird im Duden beschrieben als ein ökologisches *„Prinzip, nach dem nicht mehr verbraucht werden darf, als jeweils nachwachsen, regenerieren, künftig wieder bereitgestellt werden kann"* (Duden, 2020).

(2) *Lifestyle of Health and Sustainability*: Ein Lebensstil, der von Werten nach Gesundheit und Nachhaltigkeit geprägt ist, ein durch das Streben nach Sinn- und Selbstverwirklichung und persönlichen Erlebnissen motivierter, authentischer und ganzheitlicher Lebensstil. Dieser Lebensstil der Gesundheit und Nachhaltigkeit ist darauf ausgerichtet, in Verbindung mit der Natur und der Gesellschaft die persönliche Lebensqualität und das psychische Wohlbefinden zu steigern.

(3) *Nachhaltig zu leben*, bedeutet, im Leben Entscheidungen zu treffen, die dauerhaft positive Auswirkungen auf das eigene Wohlbefinden und die Gesundheit haben, sowie sinnstiftend zu handeln, um Dinge mit bleibendem Wert für nachfolgende Generationen zu erschaffen (vgl. Schnell & Becker, 2007).

Heute werde ich oft gefragt, was mich damals dazu bewogen hatte, mein Leben, Lebensstil und Arbeitsmodell umzustellen. Es waren letztlich vier zentrale Beweggründe, die zu einer meiner wichtigsten Entscheidungen in meinem Berufsleben geführt haben:

1. *Widerwillen gegenüber Arbeits- und Lebensstil*: Ich wollte einfach so nicht mehr leben - weder ständig in Flugzeug, Bahn und Auto reisen, oder aus dem Koffer in ständig wechselnden Hotels leben, noch in unzähligen Seminar- und Meeting-Räumen mit künstlichem Licht, stickiger Luft und schlechtem Kaffee stehen, sitzen und arbeiten – von schwierigen Kunden, Teilnehmern und beruflichen Beziehungen mal ganz abgesehen, die es in jeder beruflichen Situation und Konstellation immer geben kann und wird.

2. *Angst vor Verlust der Kostbarkeit des Lebens*: Mir wurde im Laufe des kollegialen Coachings sehr bewusst, dass mein Leben etwas so Kostbares und Einzigartiges ist, dass ich mein Leben nicht auf dem Sofa am Wochenende sitzend verschwenden wollte. Ich hatte schlichtweg Angst, mein kostbares Leben ungenutzt und unerfüllt zu lassen, es sogar völlig erschöpft und ausgebrannt aufgeben zu müssen.

3. *Ehrfurcht vor der persönlichen Weiterentwicklung:* Mir wurde aus Ehrfurcht vor dem Wunder des Lebens klar, dass ich in meinem eigenen noch so vieles zu entdecken, zu entwickeln und weiterzugeben habe. Um diese Entdeckungen nachhaltig für mich und nachfolgende Generationen zu nutzen, wollte ich nicht auf dem Sofa enden. Ich habe bis zum letzten Atemzug meines Leben zu lernen - und alles, was ich lerne, habe ich auch zu lehren, alles, was ich lehre, habe ich auch zu lernen. Meine Fast-Burnout-Erfahrung und Weiterentwicklung danach haben mich zu dem gemacht, der ich heute als Mensch, Partner, Vater, Freund und Coach bin.

4. *Bewusstheit für Verantwortung gegenüber Familie, Partnerschaft und mir selbst*: Der letzte Grund war und ist meine Verantwortung für meine Familie, Lebenspartnerin und mich selbst. Um wieder in meinen verschiedenen Lebensrollen energievoll, erfüllt und lebensfroh zu wirken, wieder voll entscheidungs-, handlungs- und leistungsfähig zu sein, musste ich aufhören, nur im Überlebensmodus – vollautomatisch, unbewusst und teilweise gleichgültig – zu reagieren und zu funktionieren.

So reduzierte ich konsequent mein Arbeitsvolumen an externen Trainer- Berater- und Coaching-Tagen um circa 80 Tage/Jahr, eröffnete eine lokale Coaching-Praxis für private Selbstzahler, beteiligte mich aktiv an regionalen Projekten der Gesundheits- und Schlafförderung in Füssen und im Allgäu – und änderte mit Hilfe meiner Partnerin meinen Lebensstil und mein Gesundheitsverhalten.

Die damals getroffenen Entscheidungen zur Veränderung und Neuausrichtung meines Lebens, von mir gerade noch rechtzeitig getroffen, waren existenziell notwendig, um nicht vollständig in ein Burnout-Syndrom zu geraten. Und sie waren nachhaltig wichtige Weichenstellungen für eine sinnstiftende, gesunde und erfolgreiche Lebensführung meiner Wahl.

Einen weiteren, wichtigen Schritt in meiner beruflichen, aber auch persönlichen Entwicklung bin ich bewusst in der ersten Covid-19-bedingten Lockdown-Phase im März 2020 mit dem erfolgreichen Aufbau meines Online Coaching Business gegangen. Das Schreiben dieses Ratgebers ist aktuell der letzte Schritt der bewussten Entwicklung meines Lebens, meiner Berufung und Persönlichkeit.

Mit dem Schreiben und Veröffentlichen meines Buches *„Neuausrichtung JETZT! Erfinde Dich neu, bevor es das Leben tut"* habe ich nicht nur eine öffentliche Visitenkarte meines beruflichen Selbstverständnisses und meiner Expertise erstellt, sondern endlich einen der größten Herzenswünsche meines Lebens verwirklicht, denn als Kind einer Journalistenfamilie wollte ich mein Leben lang schon ein eigenes Buch schreiben und in meinen Händen halten. *Lebenstraum endlich erfüllt!*

Persönliche Reflexionsfragen

- Willst Du auch so lange wie ich warten, bis es psychisch und physisch fast zu spät für Dich ist?

- Willst Du Dich neuausrichten auf etwas, was ganz und gar zu Dir passt?

- Willst Du endlich wissen, wie Du wirklich leben solltest, um psychisch und physisch gesund zu bleiben?

- Willst Du Sinnvolles, Erfolgreiches und Wohlbefinden in Deinem Leben und Beruf miteinander verbinden?

- Willst Du mehr über Deine nachhaltig sinnvolle und erfolgreiche Neuausrichtung im Leben und Beruf erfahren?

- Willst Du die beste Version Deines Selbst entdecken und verwirklichen?

- Willst Du endlich die beste Phase Deines kostbaren Lebens starten und erleben?

Dann mache Dich JETZT auf Deine Entdeckungs- und Entwicklungsreise zu Dir selbst!

Top 1 – Die 8 Kardinalfehler scheiternder Neuausrichtungen

„Zwischen Können und Tun liegt ein Meer und auf seinem Grunde gar oft die gescheiterte Willenskraft."

Marie von Ebner-Eschenbach (1830 – 1916)

D as Leben zwingt uns immer wieder in eine umfassende, tiefgreifende Transformation – ob virologisch, klimatisch, politisch, sozial, wirtschaftlich, beruflich, privat oder persönlich. Lebenslange Sicherheit und Stabilität im Berufs- und Privatleben ist eine Illusion. Wer seinen beruflichen, privaten und persönlichen Status bewahren will, muss ihn permanent verändern.

Wir alle werden vom Leben ständig gefordert, innezuhalten, uns in allen unseren Lebensbereichen, unseren Einstellungen und Verhaltensweisen kritisch zu überprüfen und uns auf sinnvolle und nachhaltige Weise neu zu orientieren.

Typische Auslöser für eine tiefgreifende Transformation im Leben sind beispielhaft folgende Krisensituationen und kritische Lebensereignisse:

- **Aktuelle berufliche Belastungen:** Fremdbestimmte Arbeitstage, randvoller Kalender, langatmige, demotivierende oder unvorbereitete Meetings, unerreichbare Zielvorgaben, unvorhergesehene, neu definierte Ziele, mangelnde Zielerreichung, Misserfolg, drohende Insolvenz oder finanzielle Schwierigkeiten.

- **Einflüsse aus dem beruflichen Umfeld:** Arbeitgeber-, Arbeitsplatzwechsel, anstehender oder geplatzter

Karriereschritt, Wechsel in der Geschäftsführung, Vorgesetztenwechsel, drohende oder unerwartet ausgesprochene Kündigung, Outplacement, Insolvenz des Unternehmens, Ausscheiden aus der aktiven Berufsphase.

- **Einflüsse aus dem sozialen Umfeld:** Scheidung, Trennung, Verlust durch Todesfall, neue Partnerschaft, Auszug der Kinder.

- **Emotionen, Affekte und Gefühle** von Frustration, Unausgeglichenheit, Unzufriedenheit, Langeweile, Sinnlosigkeit, Existenzangst oder andere Ängste.

- **Körperliche oder psychische Erkrankungen** und deren Auswirkungen auf die persönliche Leistungsfähigkeit und psychische Widerstandsfähigkeit.

- **Subjektive Wahrnehmung,** bisher nicht das volle - persönliche wie berufliche - Potential im Leben ausgeschöpft zu haben, Wunsch nach Selbständigkeit, Selbstbestimmung oder Selbstverwirklichung.

- Du befindest Dich bereits in der **Phase der Neuausrichtung,** beruflich, persönlich, privat, bist aber bei der Umsetzung des neuen Lebensweges bisher nicht erfolgreich, weiterhin unerfüllt und unzufrieden.

Um zu erkennen, in welcher Lebensphase Du Dich aktuell befindest, orientiere Dich an den folgenden fünf Phasen eines tiefgreifenden Umbruchprozesses, die Du im Leben immer wieder zyklisch durchläufst:

1. *Solide Stabilität*
2. *Wachsende Unzufriedenheit*
3. *Sinnkritischer Umbruch*
4. *Nachhaltige Neuausrichtung*
5. *Erfolgreiche Restabilisierung*

In der ersten Phase *Solide Stabilität* befindet sich Deine Lebensführung in einer soliden und stabilen Struktur. Alles ist an seinem Platz. Alles ist in Ordnung – sowohl Du selbst als auch Dein Umfeld fühlen sich geordnet an. Leben, Beruf und Persönlichkeit befinden sich weitgehend im Einklang. Sinnerfüllung, Erfolg und Wohlbefinden gehen mit Deiner inneren und äußeren Ordnung einher.

In der zweiten Phase *Wachsende Unzufriedenheit* entstehen in Deiner bisher soliden Lebensstruktur erste Risse – ausgelöst durch die oben beschriebenen Lebensereignisse. Ob in der Lebensführung, in Beziehungen, im Beruf oder in der Persönlichkeit, das Gefühl von Unzufriedenheit wächst unmerklich und stellt zunächst eine Energiequelle für die Überprüfung der eigenen Lebenssituation dar. Mehr und mehr schränken sich Dein Sinnerleben und Wohlbefinden ein, gleichzeitig wächst in Dir das Bedürfnis nach Veränderung.

In der dritten Phase *Sinnkritischer Umbruch* steckst Du in der Übergangsphase zwischen altem Leben und noch nicht sichtbarem, neuem Lebensweg. Du befindest Dich inmitten einer tiefgreifenden Identitäts- und Sinnkrise, gepaart mit nachlassender Lebensenergie und zunehmendem Verlust Deiner Selbstsicherheit und Selbstwertschätzung. Gefühle von innerer Zerrissenheit, Stagnation, Frustration und Resignation sind typisch für diese kritische Umbruchphase.

In der vierten Phase *Nachhaltige Neuausrichtung* befindest Du Dich im Zeitraum und Neuland für die grundlegende Umgestaltung Deines Lebens und der Anpassung Deiner Lebensführung und Persönlichkeit. Neue Möglichkeiten werden für Dich sichtbar, Du hörst und folgst dem Ruf der nachhaltigen persönlichen und beruflichen Neuausrichtung. Du setzt Dich aktiv und offen mit Dir selbst auseinander und triffst selbstbestimmt nachhaltige Entscheidungen für Deinen Neuanfang. Ein neues Gefühl von Stimmigkeit und Sinnhaftigkeit bestimmt Dein Lebensgefühl und Wohlbefinden.

In der fünften Phase *Erfolgreiche Restabilisierung* kehrt das Erleben von Solidität und Stabilität in Dein Leben zurück. Deine persönliche und berufliche Identität erlebst Du wieder als eindeutig, stimmig und zu Dir passend. Der eingeschlagene Lebensweg, die neue Lebensstruktur und Lebensbalance entfalten sich nachhaltig sinnstiftend und erfolgreich. Dein psychisches Wohlbefinden lässt Dich in Deinem Leben wieder autonom handeln, die neuen Anforderungen meistern, persönliches Wachstum erleben, positive Beziehungen mit anderen Personen pflegen, Sinn im Leben erkennen und Dich selbst akzeptieren.

Und wieder beginnt der Transformations- und Entwicklungsprozess Deines Lebens von vorne...

Die Offenlegung der eigenen Verletzbarkeit, Erschöpfung und psychischer Beschwerden wird in der Wirtschaftswelt immer noch tabuisiert und bekommt nur wenig Raum und Zeit, zu groß ist doch die Angst bei den Betroffenen vor

Ausgrenzung, Stigmatisierung und Zuschreibung von Schwäche, Scheitern und Inkompetenz.

Doch besitzt nicht jeder die dauerhafte Resilienz, die psychische und physische Widerstandsfähigkeit, um langfristig seine Verletzbarkeit, Beschwerden und Verwundungen zu bewältigen und trotz dieser Belastungen psychisch und körperlich gesund zu bleiben.

Infobox 2: *Resilienz zur und durch Krisenbewältigung*

(1) *Psychische Widerstandsfähigkeit*: Die Fähigkeit zur Aufrechterhaltung und Wiederherstellung psychischer Gesundheit während oder nach stressvollen Lebensereignissen (Deutsches Resilienz-Zentrum, 2018; in: Rolfe, 2019).

(2) *Dynamischer Bewältigungs- und Wachstumsprozess*: Ein dynamischer Prozess, der es Menschen ermöglicht, auch unter widrigen Umständen zu bestehen, sich anzupassen und sich so zu entfalten, dass ihr Wohlbefinden nach einer Krise ähnlich wie davor oder besser ist (Rolfe, 2019).

(3) *Resiliente Menschen* können auf Anforderungen in wechselnden Situationen flexibel und kreativ reagieren, behalten Kraft und Belastbarkeit bei bzw. bauen diese auf. Nach negativen emotionalen Erfahrungen erholen sie sich schneller.

(4) *Vulnerabilität*: Das Gegenteil von Resilienz wird als Vulnerabilität bezeichnet - lateinisch vulnus, „Wunde" – und bezieht sich auf die Verletzlichkeit eines Menschen, die u.a. mit einer längeren Erholzeit verbunden ist (vgl. Rolfe, 2019).

Die Kardinalfehler des Neuausrichtens

Und ob Du nun weißt oder nicht, wo Du im Lebensprozess stehst, dass Du selbst Deine Verletzlichkeit tabuisierst, die aktuellen Belastungen gerade noch bewältigst oder bereits an die

Grenzen Deiner Belastbarkeit gestoßen bist, so hast Du in Deinem Leben sicher auch schon einmal einen der folgenden *acht Kardinalfehler* begangen - oder Du begehst ihn gerade JETZT:

Warum sich Unternehmer, Selbständige und Manager nicht nachhaltig sinnvoll und erfolgreich neuausrichten!

Kardinalfehler Nr. 1: *Oh, Schmerz lass nach, ich will Dich nicht wahrhaben!* Die bereits vorhandenen, psychischen und physischen Schmerzen im Leben, im Beruf und in der Persönlichkeit sind deutlich spür- und wahrnehmbar, werden aber von Dir nicht benannt, negiert oder - mit noch mehr Arbeit, Medikamenten, Drogen oder Alkohol - unterdrückt.

Kardinalfehler Nr. 2: *Bloß keine Veränderungen im Erfolgsfall!* „Never change a winning team!" oder „Never change a running system!" sind beliebte, Veränderungen verhindernde Leitsätze in Momenten des Erfolges in Deinem Leben oder im Beruf, die mit viel Last, Leid und Schmerz erkauft und einem hohen Preis für Sinnstiftung, Wohlbefinden und Gesundheit bezahlt werden.

Kardinalfehler Nr. 3: *Lieber nur partielle Änderungen statt fundamentale Neuausrichtung!* Deine Neuorientierung bezieht sich nur auf eine spezielle, geänderte Ausrichtung des Arbeitsplatzes, des Berufs oder des Berufslebens, aber nicht auf eine fundamentale und nachhaltige Neuausrichtung, Umgestaltung und Richtungsänderung von Leben, Beruf/ung und Persönlichkeit:

- *Menschen in einer Neuorientierung* sind wie Auswanderer, die in ein anderes Land gehen, aber immer noch das gleiche seelisch-geistige Fundament besitzen und sich dann darüber wundern, dass sie dort wieder dieselben Erfahrungen wie zuvor in der „alten Heimat" machen!

- *Menschen in einer Neuausrichtung* sind vergleichbar mit einem Auswanderer, der weiß, dass er erst einmal „*in sich selbst einwandern*" und sich grundlegend persönlich verwandeln muss, bevor er einen fundamental neuen, nachhaltig sinnvollen Lebensweg finden kann und erfolgreich gehen wird.

Kardinalfehler Nr. 4: *Begleitung durch Gesprächs- und Sparringspartner ohne professionelle Distanz und Kompetenz!* Als Mensch in einer fundamentalen, persönlichen und beruflichen Umbruchsituation fehlen Dir vertrauensvolle Personen, die Dir achtsam und liebevoll, aber auch klar und konfrontierend den Spiegel vorhalten können: Professionelle Unterstützer, die Neutralität, Allparteilichkeit, Multiperspektivität, Analysefähigkeit, Komplexitätsreduktion, Lebenserfahrung und Feldkompetenz in der Neuausrichtung von Leben, Berufung und Persönlichkeit mitbringen.

Kardinalfehler Nr. 5: *Bitte nur an der Oberfläche bleiben, keine Zeit für nachhaltige Entwicklung, Veränderung und Neuausrichtung!* Trotz tiefgreifender psychischer und physischer Anzeichen, Probleme und Schmerzen nimmst Du Dir nicht ausreichend Zeit, Energie und Bewusstheit, um Dich fundamental und nachhaltig sinnvoll und erfolgreich neuauszurichten. Es muss kostengünstig, oberflächlich und schnell gehen, um bald wieder konventionell und sozial anschlussfähig im Umfeld von Familie, Partnerschaft, Freundeskreis und Kollegen funktionieren zu können.

Kardinalfehler Nr. 6: *Statt mit Kanonen auf Spatzen zu schießen, wäre weniger dann doch manchmal mehr im Leben!* Nicht immer braucht es den großen, lebensverändernden Entwurf für ein nachhaltig sinnvolles und erfolgreiches Leben voller Wohlbefinden. Mit professioneller Unterstützung, Reflexion und

Sparring können auch sanftere Veränderungsimpulse entdeckt werden, die dennoch große Auswirkung auf Dein Wohlbefinden, Deine Gesundheit und Lebensbalance haben können.

Kardinalfehler Nr. 7: *Veränderung erfolgt nur auf den Ebenen von Umfeld, Verhalten und Fähigkeiten!* Es werden nur Lebenskontexte, Verhaltensmuster und Fähigkeiten reflektiert und verändert, aber tieferliegende Ebenen von Einstellungen, persönlicher Identität und Sinngebungen bleiben im begleiteten Reflexions- und Veränderungsprozess unberücksichtigt. Die nachhaltige Verankerung Deiner Neuausrichtung in Deiner Persönlichkeit ist gefährdet.

Kardinalfehler Nr. 8: *Zu spät, der bestehende Lebensschmerz erfordert schon Therapie!* Der betroffene Unternehmer, Manager oder Selbständige ist über den Punkt hinaus, an dem prozessbegleitende Beratung und Coaching noch hilfreich sind. Die Anzeichen von akuten und chronischen Schmerzen, Schlafstörungen, Tinnitus, Depressivität, Niedergeschlagenheit, Freudlosigkeit, Sinnlosigkeit oder Ausgebrannt sein erfordern zwingend ärztliche und/oder psychotherapeutische Unterstützung.

Denn, auch wenn die Widerstandsfähigkeit erlern- und veränderbar ist, so ist nicht jeder mit guten Vorbildern aus seiner Kindheit und seinem aktuellen Umfeld ausgestattet, die einem vorleben, wie man konstruktiv mit negativen Emotionen, Erfahrungen, Belastungen und Krisen umgehen kann.

Es besitzt auch nicht jeder die soziale Unterstützung und Hilfestellung durch Familie und Freunde. Zudem verfügt nicht jeder über die emotionale Stabilität und eine konstruktive Art und Weise, wie man belastende Ereignisse betrachtet.

Es hat auch nicht jeder den Optimismus und einen positiven Bewertungsstil, die einem helfen, die Ereignisse und Erfahrungen in positiver Weise umzudeuten. Und es besitzt nicht jeder das Vertrauen in die eigene Handlungsfähigkeit - auch unter extremen Belastungen und Beanspruchungen.

Doch immer mehr Betroffene wagen sich aus dem selbstgewählten Versteck ihrer Tabuisierung von Verletztheit, Erschöpfung, Schlaf- und Antriebslosigkeit heraus, vertrauen sich ihrer Familie oder dem Freundeskreis an – und nehmen ihre *Identitäts-, Sinn- und Lebenskrisen* endlich zum Anlass, professionelle, psychologische Beratung, Coaching oder gar Therapie aufzusuchen.

Oder – wie Du - sich endlich selbst neuauszurichten!?

Top 2 – Scheitern ist keine Schande, sondern Deine Chance

„Es gibt keine Misserfolge. Es sei denn, Du denkst immer wieder an sie."

Konfuzius (551 – 479 v. Chr.)

Wenn Erfolg - einfach ausgedrückt - das Erreichen selbstgesteckter Ziele ist, dann bedeutet das Nichterreichen von Zielen, einen Misserfolg zu haben. Das Nichterreichen selbstgesteckter Ziele wird aber von den allermeisten Menschen nicht nur als *situativer Misserfolg* gedeutet, sondern tiefergehend häufig als *persönliches Scheitern* erlebt.

In unserem Kulturkreis ist Scheitern verbunden mit Begriffen wie Niederlage, Versagen, Schande, Scham, Schuld und lässt die betroffenen Menschen – vor allem Männer – unter ihren eigenen Zuschreibungen und Deutungen eines Misserfolgs leiden:

Das *„Ich bin nicht erfolgreich"* wird zu *„Ich bin gescheitert"*, zu *„Ich habe verloren"*, zu *„Ich habe versagt"*, zu *„Ich bin nicht gut genug"*, zu *„Ich schäme mich"*, zu *„Ich fühle mich schuldig"*, oder zu *„Ich bin minderwertig"*, bis zu *„Ich bin wertlos"*!

Wenn man die Betroffenen fragt, was sie verloren haben, dann kommen Antworten wie: *„Meine Reputation"*, *„Mein Ansehen"* oder *„Meinen Expertenstatus"*. Hinterfragt man dann, was das bedeutet und sie genau verloren haben, dann herrscht erst einmal beredtes Schweigen.

Sicherlich ist für den Betroffenen im Falle eines Misserfolgs, einer gescheiterten Zielerreichung, eine sinnstiftende Beurteilung der Situation zunächst schwierig, denn tatsächlich sind in diesem Falle folgende *Sinnbausteine* nicht oder nur teilweise erfüllt (vgl. Ernst, 2010):

- **Zielerreichung:** *Ich habe mein selbstgestecktes Ziel erreicht.*

- **Wertvorstellungen:** *Ich werde meinen Wertvorstellungen, Motiven und Bedürfnissen von Erfolgreich-sein-müssen, Leistungsfähigkeit und Kompetenzerleben gerecht.*

- **Kontrollüberzeugung:** *Ich habe unter den gegebenen Bedingungen die Kontrolle über das Geschehen und dessen Ausgang.*

- **Selbstwirksamkeit:** *Ich bin fähig, mich mit eigenen Entscheidungen und Handlungen so zu organisieren, dass ich meine Ziele erreiche.*

- **Selbstwertschätzung:** *Ich bin liebenswert, wertvoll und kompetent.*

- **Sozialer Status & Zugehörigkeit:** *Ich gehöre zur Gruppe der erfolgreichen Menschen.*

Schätzt der Betroffene alle sechs beschriebenen Sinnbausteine im Falle des Scheiterns als nicht erfüllt ein, dann ist der Sinn, der immaterielle Nutzen, eines Misserfolgs für ihn unterm Strich gleich null!

Nützlich ist dann zunächst einmal, die Unterscheidung von Leistung, Ergebnis, Ziel und Erfolg vorzunehmen und dem betroffenen Menschen bewusst zu machen, dass er *trotz verfehltem Ziel und Misserfolg etwas geleistet hat,* auf das er stolz sein könnte:

- *Leistung* (psychologisch) = 1. *Absicht*, 2. *Entscheidung*, 3. *Handlung* und 4. *Ergebnis*. Leistung ist eine mit *Anstrengung* verbundene, absichtliche Folge von Entscheidungen und Handlungen, die zu einem Ergebnis führt.

- *Ziel* = Subjektiver *Gütemaßstab/Messlatte*, anhand dessen bewertet und bestimmt wird, ob das Ergebnis ein Erfolg oder Misserfolg ist.

- *Erfolg* = Subjektiv positive Bewertung des Ergebnisses anhand eines erreichten Gütemaßstabs (*Ziel erreicht*)

- *Misserfolg* = Subjektiv negative Bewertung des Ergebnisses anhand eines nicht-erreichten Gütemaßstabs (*Ziel nicht erreicht*)

Infobox 3: *Leistung ≠ Ergebnis ≠ Erfolg – Erst der Gütemaßstab, das erwartete Ziel, bestimmt den Erfolg oder Misserfolg*

(1) So ist zum Beispiel ein Stabhochspringer, der dreimal beim Versuch, über 6,05 m zu springen, und die Latte gerissen hat (*Ergebnis*), zwar nicht erfolgreich (*Ziel nicht erreicht*), weil er den Gütemaßstab von 6,05 m (*Ziel*) verfehlt hat.

(2) Aber er hat dennoch etwas *geleistet*, weil er in den drei Versuchen, absichtsvolle und herausfordernde Entscheidungen zum Beispiel über die Stabhärte, Anlauflänge, Anlaufgeschwindigkeit und Höhe der Messlatte getroffen hat - und diese mit entsprechender Kraftanstrengung, Konzentration und Willensstärke ausgeführt hat (*Anstrengung/Aufwand*).

(3) Die Latte hat er zwar jedes Mal gerissen (*Ergebnis*) und war damit misserfolgreich (*Ziel nicht erreicht*), aber er strengte sich mit hohem Aufwand an und erbrachte damit eine *Leistung* – ganz abgesehen von seinen vorher erbrachten Trainingsleistungen!

Die weitere konstruktive Verarbeitung von Misserfolg und der persönlichen Deutung des Gescheitert-Seins kann auf mehreren Ebenen erfolgen (vgl. Pépin, 2017):

- *Akzeptanz statt Leugnung der Wirklichkeitserfahrung:* Zunächst ist es wichtig, sich der gegebenen Wirklichkeit zu stellen und zu akzeptieren, dass ein Misserfolg und damit ein Scheitern stattgefunden hat. Das bewusste Annehmen und Benennen des Scheiterns wie das selbstoffenbarende, öffentliche Bekennen zum Scheitern ist ein Akt der Befreiung von Minderwertigkeits-, Schuld- und Schamgefühlen, die sich wie ein Gift in Körper, Geist und Seele schleichen. Durch die Annahme von menschlichem Irrtum und Scheitern wird die Situation als reale Erfahrung angenommen und verstanden, denn: *„So ist es wirklich!"*

- *Bewusstmachen unbewusster Selbstsabotageakte:* Das Scheitern kann als unterbewusster Schicksalsschlag oder unbewusster Akt der Selbstsabotage gesehen werden, der Dir aufzeigt, dass der bisherige Weg nun endet. Es kann von Dir als ein glücklicher Zufall, der Dir zufällt, gesehen werden, der Dir zeigt, dass Du woanders hingeschickt werden sollst oder wirst. Das Scheitern lässt Dich den Weg verlassen, der in eine Sackgasse Deines Lebens geführt hätte oder bereits hat - und befreit Dich vom eingeschlagenen Weg. Der bisherige Weg geht zu Ende, das Unterbewusstsein versagt Dir die Gefolgschaft auf einem Weg, der nicht mehr Deiner ist.

- *Bewusste Rekonstruktion der Lebensgeschichte:* Deine individuelle Lebensgeschichte lässt eine Richtung und Zusammenhänge erkennen und beschreibt wichtige Motive und Ziele, die Dich bewegt haben und weiter antreiben. Du kannst sie im Falle des Scheiterns bewusst neukonstruieren und erzählen. Aus *„Was wäre nur gewesen, wenn…"* wird ein *„Warum alles so kommen musste – und es so gut war"*! Dadurch versöhnst Du Dich mit der Erfahrung Deines Scheiterns, das im nach hinein einen Sinn ergibt und erträglicher wird (vgl. Ernst, 2010).

- *Lehren und Lernen von Demut und Bescheidenheit:* Scheitern zeigt Dir die Grenzen Deiner Fähigkeiten und Möglichkeiten auf und lehrt Dich Demut und Bescheidenheit im Umgang mit diesen Fähigkeiten. Scheitern ist eine *Ent-*Täuschung von eigenen Täuschungen und Erwartungen, die unrealistisch und nicht verwirklichbar waren oder sind. Es eröffnet Dir die Möglichkeit zu sehen, dass Du im Scheitern eine einzigartige Persönlichkeit bist, die in Demut, Dankbarkeit und Bescheidenheit die eigene Existenz auch ohne Erfolg begrüßt und würdigend annimmt.

- *Umdeutung zur Lern- und Entwicklungschance:* Scheitern heißt, ein Lernender zu sein, und ist bei bewusster Annahme des Scheiterns eine wertvolle Chance zum Lernen, Wachsen und Entwickeln, es besser, anders oder gar nicht mehr (so) zu machen. Das Scheitern öffnet Fenster, Türen und Räume zu neuen Möglichkeiten, Lösungsansätzen oder Wegen, die das selbstgesteckte Ziel anders, effizienter und leichter erreichen lassen.

Scheitern ist in diesem Sinne ein Umweg zum Ziel oder eine Durchgangsstation der Vorfreude auf Erfolg.

- *Zuschreibung der Ursachen von Misserfolg:* Scheitern verhilft Dir, eine bewusste Analyse und kritische Reflexion der Ursachen Deines Scheiterns vorzunehmen. Du lernst zu unterscheiden, ob die Ursachen im Kontext und den situativen Umständen oder in Deinen persönlichen Eigenschaften, Einstellungen und Verhaltensweisen liegen. Du findest Ansatzpunkte für persönliche und situative Lösungen und Veränderungen und lernst, den inneren und äußeren Bedingungen für Dein Scheitern die entsprechende Verantwortung zuzuweisen, um in Deiner Selbstverantwortung zukünftig angemessener und wirksamer zu entscheiden und zu handeln.

- *Neuerfindung der Persönlichkeit:* Scheitern lässt Dich Deinen wahren Kern, Dein unverwirklichtes Potential entdecken und führt Dich zur Neuerfindung Deines bestmöglichen Selbst. Scheitern schenkt Dir Zeit und Raum, bisher unbekannte Ressourcen, Motivationen und Energien in Dir und Deiner Umwelt zu entdecken und Deine Bereitschaft zu entwickeln, Dich auf neue Ziele, Wege und Erfahrungen einzulassen. Scheitern ist zugleich Impuls, Chance und Aufbruch zur Persönlichkeitsentwicklung, Selbstverwirklichung und Neuausrichtung, gleichzeitig auch eine Selbstverpflichtung für neu gesteckte Ziele und Werte, die erst durch das Scheitern in Dein Bewusstsein gelangen konnten.

Bei alledem ist die konstruktive Nachbearbeitung, Nachverfolgung und Auflösung von Aufgaben und Themen, die sich aus dem vergangenen, misserfolgreichen Projekt ergeben, ein ebenso wichtiger Schritt zur Bewältigung Deines vermeintlichen Scheiterns wie die zuvor beschriebenen Ebenen. Denn dadurch erlebst Du Dich wieder als selbstwirksam und kommst mit jeder bewältigten und gelösten Aufgabe und Altlast weg vom Schmerz der Vergangenheit hin zur Vorfreude auf Deinen neu zu gestaltenden, sinn- und identitätsstiftenden Lebensraum.

Letztlich besteht die erfolgreiche Bewältigung von Misserfolgen darin, diese bewusst zu reflektieren, Dir Dein Scheitern mit aller Klarheit einzugestehen, Deine Erfahrungen konstruktiv zu verarbeiten, die persönlichen Erkenntnisse in Dein verändertes Selbstbild zu integrieren, das Erlebte vollständig loszulassen und sich bewusst auf Neuartiges einzulassen.

Leben, Projekte oder Neuanfänge, ohne die Möglichkeit zu scheitern, gibt es nicht. Wenn Du Dir Erfolge - und insbesondere Misserfolge - bewusst als Lern- und Entwicklungschancen erlaubst, dann erschaffst Du Dir einen konstruktiveren und entspannteren Umgang mit Deinem möglichen Scheitern - als mit der begrenzenden Einstellung, Du müsstest Misserfolge auf jeden Fall vermeiden, um vor Dir selbst und nach außen hin nicht als schwach zu gelten.

Denn immer gilt in der Weiterentwicklung Deines Bewusstseins und der Vorwärtsbewegung des Lebens: *Scheitern ist nie Schande, sondern immer Chance!*

Fallbeispiel I: Unternehmer im Insolvenzverfahren

Ein selbständiger Unternehmer, Mitte 40, der unverschuldet einen Antrag auf Unternehmensinsolvenz stellen musste, arbeitete mit mir an seiner ganzheitlichen Neuausrichtung von Lebensführung, Berufung und Persönlichkeit.

Die nachhaltige Neuausrichtung war verbunden mit einem gezielten Wohnortwechsel der Familie, die Stärkung und Ausrichtung der persönlichen Identität, der Weiterentwicklung seiner Unternehmerpersönlichkeit sowie der existenziellen Frage, wie es beruflich für ihn sinnstiftend, finanziell ertrag- und erfolgreich weitergehen könnte.

Zentral wurde für ihn – in anspruchsvollen Phasen der schrittweisen, erfolgreichen Bewältigung von Aufgaben und Altlasten des Insolvenzverfahrens und der gleichzeitigen Planung und Umsetzung der beruflichen Neuausrichtung - die identitätsbildende Frage nach dem vermeintlichen Scheitern im vorherigen Projekt und dem konstruktiven Umgang in Bewerbungsphasen damit.

Dafür waren ebenso der Aufbau von stabil verfügbaren, jederzeit abrufbaren persönlichen Ressourcen wie der Ausbau vorhandener Strategien zur Selbstregulation und -kontrolle erforderlich. Eine besonders starke soziale Ressource war – und ist - seine Ehepartnerin, die ihm auf herausragende Weise emotional, mental, motivational und finanziell zur Seite stand.

Seine hohe Veränderungs- und Erfolgsmotivation, seine selbstdisziplinierte Umsetzungsstärke und die vollständige Identifikation mit seiner beruflichen Neuidentität eröffneten ihm den bestmöglich passenden Berufsweg. Er stellte selbst die Weichen für die neue, sinnstiftende und erfolgreiche Ausrichtung von Persönlichkeit, Lebensführung und Beruf.

Lösungsansätze

- Reflexion, Auf- und Verarbeitung des vergangenen Geschehens

- Identifikation und Verankerung der neuen, persönlichen und beruflichen Identität

- Sinn- und identitätsstiftende Ausrichtung der Berufung, des Berufsfeldes und der beruflichen Rollen

- Ressourcenaufbau und -stärkung

- Veränderung von Einstellungen, Selbstwirksamkeitsüberzeugungen und Selbstregulationsstrategien

- Reflexion und Monitoring der Umsetzungsfortschritte

●

Top 3 – Trotz Sinn- und Lebenskrisen erholsam schlafen

„Der Himmel hat den Menschen als Gegengewicht gegen die vielen Mühseligkeiten des Lebens drei Dinge gegeben: die Hoffnung, den Schlaf und das Lachen."

Immanuel Kant (1724 - 1804)

F ür viele Unternehmer, Selbständige und Manager sind Schlafstörungen, Isolationsgefühle, Ängste und Erschöpfungssymptome typische Begleiterscheinungen ihrer Berufstätigkeit. Für viele dieser Menschen bringt das Berufsleben neben physischen und existenziellen Nöten - z.b. durch Kündigungen, Lockdowns, Insolvenzen und ähnlichem - auch psychische Folgen und Nebenwirkungen mit sich.

Neben psychischen Erkrankungen durch Zeit-, Leistungs- und Bewertungsdruck sowie Burnout-Phänomenen steigt die ständige Angst, es nicht mehr zu schaffen, nicht gut genug zu sein, sich falsch zu entscheiden, etwas zu verpassen, oder die Angst, die Existenz sei gefährdet. Druck, Selbstausbeutung, Ausbrennen, Einsamkeit oder existenzielle Ängste treiben immer mehr Menschen nicht nur in vorübergehende Leistungs- und Schaffenskrisen, sondern in tiefgreifende Identitäts- und Sinnkrisen.

Bist Du konfrontiert mit persönlichen Existenzängsten, deren Auftreten typisch für Unternehmer und Selbständige sind, aber auch angestellte Manager, Führungskräfte und Mitarbeiter treffen können, dann kann folgendes Vorgehen helfen, effektiv und produktiv mit Deiner Existenzangst umzugehen, in dem Du folgende Fragen der Reihe nach stellst und beantwortest:

1. *Wie sieht der vermutete worst case aus?*
2. *Was wäre die schlimmstmögliche Erfahrung?*
3. *Wie sieht die aktuelle Situation tatsächlich aus?*
4. *Wie realistisch ist der Eintritt des worst case?*
5. *Wie sieht das gewünschte Ziel, die optimale Lösung aus?*
6. *Welche Fähigkeiten, Ressourcen und Möglichkeiten zur Lösung habe ich?*
7. *Was ist hier und jetzt dafür zu tun?*
8. *Was habe ich bisher erreicht? Was ist anders?*
9. *Welche Gedanken, Emotionen und Empfindungen sind noch vorhanden?*
10. *Starte wieder bei 1.*

Sehr typische Begleiterscheinungen in existenziell schwierigen Lebensphasen sind – nicht organisch bedingte - Einschlaf- und Durchschlafstörungen. Guter, erholsamer Schlaf ist essenziell für die Funktion von Immunsystem, Stoffwechsel und Hormonen und beeinflusst in hohem Maße die Leistungsfähigkeit und das Wohlbefinden. Gleichzeitig gehören Schlafstörungen heute zu den häufig vorkommenden Beschwerden und Symptomen, die mit einer Vielzahl von körperlichen und psychischen Gesundheitsstörungen verbunden sind.

Der gesunde und erholsame Schlaf ist aber nicht nur in Krisenzeiten, Erschöpfungsphasen oder Phasen des persönlichen Umbruchs gefährdet, sondern auch in der alltäglichen, stressreichen Lebensführung besitzt er grundlegende Bedeutung für die körperliche und psychische Gesundheit.

Der Umgang mit belastenden Situationen und Faktoren, die *effektive Stressregulation*, wie auch der konstruktive Umgang mit negativen Emotionen, akuten Schmerzen, der regulierenden Atmung oder dem gesunden Schlaf, ist etwas, das wir in unserer Kindheit und Erziehung nur selten oder zu wenig von unseren Eltern, in der Schule von unseren Lehrern oder in Ausbildung, Universität oder Beruf von unseren Vorbildern, Vortragenden oder Vorgesetzten vermittelt bekommen und lernen.

Dieses Wissen eignen wir uns selbst erst dann mühsam an, wenn wir bereits zu hohen, schon chronischen Stress, Verspannungen, Schmerzen, Beklemmungen oder Schlafstörungen haben. Wenn wir frühzeitig in der Lage wären, mit unserem Stresserleben, unseren Belastungen und Beanspruchungen anders umzugehen als gelernt, dann würden wir uns vieles an schmerzhaften Erfahrungen – psychisch wie physisch – ersparen.

Das Erleben von Stress und die Stressregulation sind unter anderem abhängig von der Wahrnehmung und Bewertung stressauslösender Situationen. Nehme ich belastende Faktoren wahr und bewerte diese entsprechend als kritisch, ungünstig oder bedrohlich für meine psychische und physische Gesundheit, dann löst dies entsprechende physiologische, emotionale und gedankliche Reaktionen, aber auch Verhaltensbereitschaften für das Annehmen, Aushalten, Bekämpfen oder Vermeiden aus, die das Stresserleben zusätzlich verstärken können.

Fehlen Dir aus Deiner Sicht Ressourcen und Möglichkeiten, die Belastungen und Stressoren zu bewältigen, so steigt Dein Stresserleben und Deine persönliche Beanspruchung. Ist auch noch Deine Einstellung gegenüber Belastungen bzw. Stress negativ, dann kann sich dies verstärkt kritisch auf Deine Leistungsfähigkeit, Dein Wohlbefinden und Deine Gesundheit auswirken und dauerhaft chronifizieren.

Hilfreich zur effektiven Stressregulation können folgende fünf – häufig bereits bekannte, aber nur selten umgesetzte – Ansatzpunkte sein:

- *Reduziere oder vermeide aktuelle Stressoren oder Belastungssituationen!*

- *Nimm mögliche, stressauslösende Situationen achtsam wahr, ohne diese zu bewerten!*

- *Reguliere die Stressreaktion durch bewusste Atemregulierung, Meditation oder Yoga!*

- *Ändere die Bewertung und persönliche Einstellung zum Stress – und somit auch dessen negativen Folgen!*

- *Und wechsle konsequent zwischen Phasen der An- und Entspannung und schalte nach hohen Belastungsphasen bewusst ab!*

Gesunde Schlafgewohnheiten machen einen großen Unterschied in der Leistungsfähigkeit, dem Wohlbefinden und der Lebensqualität aus. Schlaf geschieht normal auf ganz natürliche Weise. Bedingt durch die Veränderung unserer natürlichen Lebensordnung, die Einflüsse unserer modernen Lebens- und Arbeitskultur sowie unseren persönlichen, schlafhinderlichen Lebensstilen sind die nicht organischen Einschlaf- und Durchschlafstörungen zur Alltagsnormalität unseres Lebens geworden.

Doch die Menschen wissen zu wenig über die Grundlagen, Steuerung und Förderung des gesunden Schlafs – und müssen erst einmal aufgeweckt werden, um besser schlafen zu können.

Funktionierendes Schlafmanagement besteht aus einer Vielzahl unterschiedlicher Praktiken, Rituale und Gewohnheiten, die hilfreich sind, um eine gute Schlafqualität, volle Leistungsfähigkeit und Wachsamkeit bei Tag zu erleben.

Als verantwortlicher Psychologe und Seminarleiter für die *Chronobiologie und Psychologie des Gesunden Schlafs* im Rahmen des Füssener Präventionsprogramms zur Vorbeugung von lebensstilbedingten, nicht organischen Schlafstörungen gebe ich Dir ein paar Tipps für ein besseres Schlafmanagement:

1. Halte Dich an einen täglichen Schlafplan mit der gleichen Einschlaf- und Aufwachzeit, auch am Wochenende: Diese zeitliche Struktur hilft, die innere Uhr des Körpers zu regulieren, und unterstützt Dich dabei, besser einzuschlafen und die Nacht durchzuschlafen. Zeitstrukturierung ist ein Grundbedürfnis von Körper und Geist und erzeugt eine regelmäßige, rhythmische und ritualisierte Lebensordnung, die schlafförderlich ist.

2. Setze Dich hellem Licht aus, um Deinen Tagesrhythmus zu steuern: Setze Dich tagsüber im ausreichenden Maße dem Sonnenlicht aus (tagsüber: Beleuchtungsstärke höher als 2.500 Lux). Dies wird Deinen circadianen Schlaf-Wach-Rhythmus synchronisieren und stärken. Abends dagegen vermeide zur Schlafförderung zu helles Licht (abends: Beleuchtungsstärke geringer als 2.500 Lux) – und wenn möglich, dimme das Licht beständig und gezielt im Laufe des Abends herunter.

3. Gestalte Dein Schlafzimmer und die Bedingungen so, dass sie schlaffördernd für Dich sind: Dein Schlafzimmer sollte gelüftet und kühl sein - zwischen 16 und 19 Grad Celsius. Dein Schlafzimmer sollte auch frei von jeglichem Lärm und Licht sein, die Deinen Schlaf stören können. Ganz wichtig: Arbeitsunterlagen, Smartphone, Computer und Fernseher aus der Schlafumgebung nehmen, um jeglicher psychologischer

Ablenkung und physikalischer Beeinflussung vom gesunden Schlaf vorzubeugen.

4. Vermeide abends Alkohol, Zigaretten und schwere Mahlzeiten: Alkohol, Zigaretten und Koffein können den Schlaf stören. Vermeide es, zwei bis drei Stunden vor dem Schlafengehen große Mahlzeiten zu Dir zu nehmen. Nimm einen leichten Snack 45 min vor dem Schlafengehen zu Dir, wenn Du noch immer Hunger verspüren solltest. Bei bestehenden Schlafstörungen bis kurz vor dem Schlafengehen fernzusehen, ist kein Schlafmittel, sondern ein Verstärker für Deine Schlafbeschwerden.

5. Bereite Dich bewusst und rechtzeitig auf den Schlaf vor: Dein Körper braucht Zeit, um in den Schlafmodus zu wechseln. Verbringe die letzte Stunde vor dem Schlafengehen mit einer beruhigenden Aktivität wie Lesen, Musik hören oder Spazieren gehen. Für manche Menschen kann die Verwendung eines elektronischen Geräts das Einschlafen erschweren, da das blauwellige Licht der Bildschirme dieser Geräte das Gehirn aktiviert. Wenn Du Schlafstörungen hast, vermeide unbedingt Elektronik vor dem Schlafengehen und mitten in der Nacht.

6. Übe ein entspannendes Ritual vor dem Schlafengehen ein: Ein - den Geist und Körper - entspannendes Ritual oder Routinetätigkeit kurz vor dem Schlafengehen hilft, die Schlafzeit von Aktivitäten zu trennen, die Aufregung, Stress oder Angst verursachen können. Vermeide schwierige, konfliktträchtige Gespräche oder Begegnungen mit anderen Menschen – soweit für Dich möglich, besprich Konfliktthemen bis vor dem Abendessen. Nutze das Abendessen als Signal für die beginnende Schlafvorbereitung.

7. Vermeide nachts unbedingt den Blick auf die Uhr, wenn Du wach bist: Denn damit konditionierst Du Geist und Körper, wach zu werden und zu bleiben. Falls Du den Wecker gestellt haben solltest, dann wird er Dich wecken, wenn es soweit ist. Falls Du ausschlafen kannst, ohne den Wecker stellen zu müssen, dann spielt die Uhrzeit in der Nacht auch keine Rolle. Zeit und deren Messung spielt nur tagsüber eine wichtige Rolle für die Strukturierung des Tagesablaufs, nachts ist sie zur Schlafsteuerung und -förderung bedeutungslos, wenn nicht sogar besonders schlafhinderlich.

8. Wenn Du nicht schlafen kannst, gehe in ein anderes Zimmer und entspanne Dich, bis Du müde bist: Mache eine Entspannungs- oder Atemübung und schreibe Deine nächtlichen Gedanken in ein Tagebuch oder auf einen Notizzettel. Die gleichzeitige Beobachtung der Atmung bzw. des Luftstroms durch die Nasenflügel und des Hebens und Senkens der Bauchdecke, ohne etwas zu ändern, ist nachweislich eine der effektivsten Übungen zur Reduzierung von Gedanken- und Grübelschleifen.

9. Solltest Du bereits Schlafstörungen haben, dann vermeide tagsüber ein Nickerchen, besonders nachmittags: Power Napping von 15-20 min kann Dir grundsätzlich helfen, den Tag gut und leistungsfähig zu überstehen. Wenn Du jedoch feststellst, dass Du zum regulären Schlafzeitpunkt nicht einschlafen kannst, weil der Schlafdruck reduziert ist, dann verzichte zwingend auf das kurze Nickerchen tagsüber.

Konditioniere Deinen Geist und Körper konsequent durch regelmäßige Schlafhygiene, schaffe Dir schlaffördernde und schlafvorbereitende Routinen und Gewohnheiten, damit Psyche und Körper auf den natürlichen Schlaf vorbereitet werden.

Hinweis: *Wenn Du weiterhin akute Probleme beim Ein- und Durchschlafen haben solltest, zögere nicht, mit Deinem Hausarzt zu sprechen oder einen professionellen Schlafexperten aufzusuchen!*

Infobox 4: *Füssener Präventionsprogramm und Kompaktkur „Gesunder Schlaf durch Innere Ordnung"*

In Zusammenarbeit mit der Ludwig-Maximilians-Universität München wurde im Rahmen des Füssener Präventionsprogramms für lebensstilbedingte, nicht organische Schlafstörungen *„Gesunder Schlaf durch Innere Ordnung"* in einer begleitenden Studie untersucht und nachgewiesen, dass die 3-wöchige Kneippkur mit Schwerpunkt Schlaf bei Menschen mit nicht organisch bedingten Schlafstörungen kurz- und mittelfristige, positive Effekte erzielte:

Über einen Zeitraum von mindestens sechs Monaten konnte die Schlafqualität verbessert, das Wohlbefinden und die Lebensqualität gesteigert und Depressivität verringert sowie zu einer Verbesserung des Gesundheitsverhaltens, vor allem im Bereich Stressmanagement, und des allgemeinen Gesundheitszustands beigetragen werden.

Mehr Informationen: https://www.fuessen.de/gesundheit/besser-schlafen/studie-gesunder-schlaf-durch-innere-ordnung.html

Fallbeispiel II: Erfolgreicher, aber erschöpfter Unternehmer mit Schlafstörungen

Ein sehr erfolgreicher, selbständiger Unternehmer, Ende 50, saß vor mir und erzählte mit tränenunterdrückenden Augen von seinen fast zweijährigen Ein- und Durchschlafstörungen, seinem wachsenden Misstrauen und Kontrollbedürfnis, seinen Konzentrationsschwierigkeiten und dem zunehmenden Gefühl von Erschöpfung, Energie- und Antriebslosigkeit in seiner Arbeit, seiner Freizeit und seinem Leben.

Seine engagierte, unterstützende Ehepartnerin machte sich Sorgen um sein Wohlbefinden, seine Gesundheit und seine weitere Lebensführung, war aber auch vom selben hohen Arbeitsethos und Anspruchsniveau wie er angetrieben, jederzeit erfolgreich, stark und einsatzbereit zu sein.

Im Zentrum des Coachings stand sein persönlicher – gemeinsam mit seiner Ehepartnerin reflektiert - Erkenntnisprozess, dass der zu zahlende Preis seines Arbeitseinsatzes für seine Familie, Ehe, Gesundheit und Persönlichkeit viel zu hoch war und wäre, um so wie bisher weiter machen zu können. Ohne grundlegende Neuausrichtung von Lebensführung und Berufsleben war für ihn kein erholsamer Schlaf möglich.

Es wurde ihm bewusst, dass sein Leben aus mehr als 70 Wochenstunden Arbeit, Leistung und Erfolg bestand. Er gestand sich auch ein, dass seine persönlichen Ressourcen erschöpft waren und er gesundheitlich bereits gebeutelt, schlaf- und energielos war.

Er kam gerade noch entscheidungs- und handlungsfähig in den Coaching-Prozess, um sich persönlich und beruflich neuauszurichten: Für einen gesunden Schlaf, mehr Lebensbalance und größeres Wohlbefinden, die heute wieder bestehen.

Lösungsansätze

- Reduzierung des unternehmerischen Geschäftsportfolios, des Arbeitsvolumens und der Arbeitsdichte

- Veränderung der Tagesstrukturierung für einen erholsameren Schlaf

- Veränderung von schlafhinderlichen Einstellungen, Kontrollüberzeugungen und -zwängen

- Einübung von Achtsamkeit und Selbstregulation durch Atemübungen und Phantasiereisen

- Commitment zur Veränderungsunterstützung durch Ehepartnerin

Top 4 – Entscheide Dich für Sinn, Erfolg und Wohlbefinden

„Der Schlüssel zum Glück ist Träume zu haben,
der Schlüssel zum Erfolg ist sie wahr zu machen."

James Allen (1864 - 1912)

Im Rahmen meiner Life & Business Coachings zur Neuausrichtung, zur *work life balance* und zu deren Auswirkungen auf das psychische Wohlbefinden von Unternehmern, Selbständigen und Managern tritt immer wieder die Frage nach einem erfüllten Leben auf, in dem Sinn und Erfolg auf persönlich passende und balancierte Weise verwirklicht werden können.

In diesem – eher technischen - Kapitel definiere ich die grundlegend wichtigen Begriffe für Deine nachhaltig sinnvolle und erfolgreiche Neuausrichtung: *Erfolg, Berufserfolg, Sinn, Sinnkrise, Sinnerfüllung und Wohlbefinden.*

Eine nachhaltige Neuausrichtung von Leben, Beruf, Berufung und Persönlichkeit erfordert grundsätzlich zwei Lebensorientierungen. Ausgehend von einer idealen, ausgeglichenen Welt, in der Menschen ein Leben voller Vergnügen, Engagement und Sinn leben wollen, befasst sich die eine Ausrichtung mit der Frage, wie man *ein persönlich erfolgreiches und glückliches Leben* führen kann (vgl. Peterson & Seligman, 2004; Wong, 2012).

Zum anderen existiert eine grundlegende Orientierung, die sich mit der Frage befasst, wie man *ein sinnvolles Leben - ein sinnstiftendes Leben* - führt, in dem man einem besonderen

Zweck dient und einen bedeutenden Unterschied in der Welt macht.

Ein Leben voller Wohlbefinden besteht nicht nur aus kurzfristigem Vergnügen und erfolgreichem beruflichen Engagement, sondern aus einer Kombination von persönlichem und gemeinsamem Glückserleben, sinnstiftendem Engagement und nachhaltigem Lebenserfolg für sich selbst und andere Menschen.

Vereinfacht beschrieben sind folgende fünf zentrale Dimensionen für Dein Wohlbefinden zu berücksichtigen (vgl. Seligman, 2011):

1. **Positive Emotionen:** *Alles in allem bin ich glücklich.*

2. **Engagement:** *Ich liebe es, neue Dinge zu lernen.*

3. **Positive Beziehungen:** *Ich habe unterstützende und vertrauensvolle Beziehungen.*

4. **Sinn:** *Ich habe das Gefühl, dass das, was ich in meinem Leben tue, sinnvoll und lohnend ist.*

5. **Erfolg/Zielerreichung:** *Ich führe alles in allem ein erfolgreiches Leben.*

Die einseitige Fokussierung auf Berufserfolg ohne Sinn und Nachhaltigkeit funktioniert kurz- bis mittelfristig sehr gut, treibt sie uns doch zu hohem Engagement und Höchstleistungen an, führt aber darüber hinaus zu Verausgabung, Beanspruchung, Antriebs- und Sinnlosigkeit. *Doch langfristig gesehen, ist ein Leben ohne Sinn ein Leben ohne Erfolg, wie uns auch ein Leben ohne Erfolg als ein Leben ohne Sinn erscheint.*

Befragt man betroffene Manager und Unternehmer im Coaching, geben zwei Drittel der Coachees an, dass sie sich zwar beruflich als erfolgreich erleben, aber sich persönlich mit ihrem Leben unerfüllt fühlen. In einer - nichtrepräsentativen - Umfrage vom Mai 2020 in meiner privaten Facebook-Gruppe *„Neuausrichtung JETZT! Dein Weg zur besten Phase Deines Lebens"* war es jeder Zweite, der zwar erfolgreich war, aber sich unerfüllt und eingeschränkt in seinem Wohlbefinden fühlte.

Erfolg bedeutet einfach ausgedrückt: *Das Erreichen selbstgesteckter Ziele.* Spezifiziert man den an sich wert- und normfreien Begriff *„Erfolg",* dann besteht dieser aus drei weiteren Aspekten:

1. **Mastery:** *Anspruchsvolle Aufgaben mit eigenen Entscheidungen und Handlungen meistern bzw. bewältigen*

2. **Kompetenzerleben:** *Sich selbst als fähig bei der Erledigung schwieriger Aufgaben erleben*

3. **Selbstwirksamkeit:** *Sich selbst mit eigenen Entscheidungen und Handlungen durch die Erreichung wichtiger Ziele wirksam fühlen*

Letztlich ist der ein *erfolgreicher Mensch,* der seine selbstgesteckten Ziele erreicht und sich als solchen einschätzt - unabhängig davon, welche Ziele er sich gesetzt hat, welche Erfolgsnormen gelten und wie andere darüber urteilen.

Infobox 5: *Selbsteingeschätzter, subjektiver Berufserfolg - „Mehr erreicht als erwartet"*

Berufserfolg macht zufrieden. Dabei spielen jedoch die subjektiven Komponenten des Berufserfolgs eine wichtige Rolle, während der objektive Berufserfolg kaum einen Einfluss zu haben scheint (Weber, 2013):

(1) Der Einfluss des selbsteingeschätzten Berufserfolgs auf die Laufbahnzufriedenheit ist stärker als der Einfluss des objektiven Berufserfolgs.

(2) Der Einfluss des selbsteingeschätzten Berufserfolgs auf die allgemeine Lebenszufriedenheit ist stärker als der Einfluss des objektiven Berufserfolgs.

Um mit der eigenen Berufslaufbahn und dem Leben zufrieden zu sein, kommt es auf die subjektiven Ziele und Erwartungen sowie die Einstellung zum bzw. subjektive Einschätzung von Erfolg, Berufsleben und Leben im Allgemeinen an.

Das Erleben des eigenen Lebens als sinnerfüllt stiftet dem Menschen individuellen Lebenssinn und Bedeutung. Bei der **Sinnerfüllung** besteht ein Empfinden von Bedeutsamkeit, basierend auf der Bewertung des Lebens als sinnhaft.

Sinn ist die einer Sache, einer Handlung oder einem Ereignis subjektiv zugewiesene Bedeutung. Du selbst gibst den Dingen, Ereignissen und Handlungen einen Sinn, Du selbst stiftest Dir und Deinem Leben Sinn. Diese einem häufig nicht bewusste Sinngebung bildet eine wichtige Ressource für Wohlbefinden, seelische Gesundheit und Lebensqualität.

Insbesondere dann, wenn Du etwas Eigenes nachhaltig aufbaust, Dich aktiv in der Gesellschaft einbringst und Du etwas für Dich selbst und andere tust, erlebst Du Dich als Mensch sinnerfüllt. Beides - die Sinnerfüllung und der nachhaltige Erfolg - hat unmittelbare Auswirkungen auf Dein psychisches Wohlbefinden (vgl. Schnell & Becker, 2007):

- **Generativität:** *Etwas Eigenes aufbauen und Nachhaltiges gestalten*

- **Aktive Teilhabe:** *Eigene Position beziehen und sich aktiv einbringen*

- **Vielfalt:** *Für sich selbst und andere etwas tun*

Freiwilliges, soziales Engagement geht beispielweise mit hohem Sinnerleben und Wohlbefinden einher. Daher besteht eine besondere Möglichkeit, Dein eigenes Sinnerleben und Wohlbefinden zu verbessern, darin, Dich freiwillig in sinnstiftenden Bereichen, Aufgaben oder Projekten zu engagieren. Je mehr Du Verantwortung für andere übernimmst, je stärker Du Dich als Teil einer Gruppe begreifst - und je stärker Du Dein Leben in einen übergeordneten Zusammenhang einordnen kannst, desto sinnstiftender erscheint Dir Dein Leben (vgl. Schnell & Becker, 2007).

Erlebst Du Dein Leben als besonders sinnvoll, wird generell Dein Wohlbefinden, Deine Lebenszufriedenheit und Deine positive Stimmung hoch sein. Je mehr Sinn Du in Deinem Leben erfährst, desto besser ist Deine psychische und physische Gesundheit – und umgekehrt gilt aber auch: Je besser Deine geistige und körperliche Gesundheit, desto mehr Sinn erfährst Du.

Bleibt Sinnerleben bei Dir dagegen aus, wird auch Dein Wohlbefinden eingeschränkt sein. Allerdings geht die Abwesenheit von Sinnerfüllung nicht mit negativen Aspekten von Wohlbefinden, wie Angst oder Depressionsneigung, einher, denn ein geringes Sinnerleben stellt im Gegensatz zur echten Sinnkrise noch keinen psychischen Leidenszustand dar.

Leidest Du aber tatsächlich unter einer *Sinnkrise – einem echten Sinnverlust, Sinnmangel, Sinnbruch im Leben*, dann treten negative Affekte wie Ängstlichkeit oder Depressivität auf. Dein psychisches Wohlbefinden ist dadurch sehr eingeschränkt, Deine Lebenszufriedenheit und positive Gestimmtheit bleiben dagegen gering.

Es ist für Dich hilfreich, Dir immer wieder bewusst zu machen, in welchem Ausmaß Du Dein Leben als sinnerfüllt oder sinnverloren sowie als erfolgreich oder erfolglos erlebst, um rechtzeitig gegenzusteuern und Entscheidungen über nachhaltige Veränderungen Deiner Lebensführung, Deines Berufslebens und Deiner Persönlichkeit zu treffen, solange Du dazu psychisch und körperlich noch in der Lage bist.

Mit der Selbsteinschätzung Deiner Sinnerfüllung, Deines Lebenserfolgs und Wohlbefindens bestimmst Du für Dich Deinen Standort, wo Du gerade in Deinem kostbaren und einzigartigen Leben stehst – und entscheidest für Dich selbst über die Notwendigkeit von Veränderungen für ein nachhaltig erfülltes und erfolgreiches Leben.

Du hast JETZT die Möglichkeit, einzuschätzen, wo Du in Deinem Leben stehst. Los geht's auf der nächsten Seite!

Selbsteinschätzung I - Standortbestimmung
Sinn, Erfolg & Wohlbefinden

Bewerte nun für Dich, wie sinnerfüllt, sinnkritisch und erfolgreich Du zurzeit lebst - und erkenne, wie sich das auf Dein subjektives Wohlbefinden auswirkt.

1. Lebenserfolg: Welche der folgenden Aussagen treffen auf Dich in welchem Ausmaß zu? Antwortskala: *trifft zu* (5), *trifft eher zu* (4), *teils-teils* (3), *trifft eher nicht zu* (2), *trifft nicht zu* (1)

❑ *Ich führe alles in allem ein erfolgreiches Leben.*

❑ *Ich erlebe das, was ich tue und erreiche, als erfolgreich.*

❑ *Ich habe bisher alle meine selbstgesetzten Ziele im Leben erreicht.*

❑ *Ich fühle mich als einen erfolgreichen Menschen.*

❑ *Mein Leben ist im Großen und Ganzen ein Erfolg.*

Summenwert Lebenserfolg: _____

2. Sinnerfüllung (Schnell & Becker, 2007): Welche der folgenden Aussagen treffen auf Dich in welchem Ausmaß zu? Antwortskala: *trifft zu* (5), *trifft eher zu* (4), *teils-teils* (3), *trifft eher nicht zu* (2), *trifft nicht zu* (1)

❑ *Ich erlebe, das, was ich tue, als bedeutungsvoll.*

❑ *Ich habe eine Lebensaufgabe.*

❑ *Ich fühle mich als Teil eines größeren Ganzen.*

❑ *Ich habe ein erfülltes Leben.*

❑ *Ich glaube, mein Leben hat einen tieferen Sinn.*

Summenwert Sinnerfüllung: _____

3. Sinnkrise (Schnell & Becker, 2007): Welche der folgenden Aussagen treffen auf Dich in welchem Ausmaß zu? Antwortskala: *trifft zu* (5), *trifft eher zu* (4), *teils-teils* (3), *trifft eher nicht zu* (2), *trifft nicht zu* (1)

- ❑ *Wenn ich über den Sinn meines Lebens nachdenke, empfinde ich nur Leere.*
- ❑ *Mein Leben erscheint mir sinnlos.*
- ❑ *Ich stecke in einer Sinnkrise.*
- ❑ *Ich leide darunter, dass ich in meinem Leben keinen Sinn finden kann.*
- ❑ *Mein Leben erscheint mir leer.*

Summenwert Sinnkrise: _____

4. Erfolgs- und sinnbestimmtes Wohlbefinden:

+ Summenwert Lebenserfolg _____

+ Summenwert Sinnerfüllung _____

– Summenwert Sinnkrise _____

_____

= Gesamtwert Wohlbefinden: _____

Bestimme abschließend aufgrund Deiner vorhergehenden Einschätzungen, welches der vier folgenden Statements, JETZT am meisten auf Dich und Deine aktuelle Lebenssituation zutrifft:

5. Gesamtbewertung der aktuellen Lebenssituation:

❑ *Mein Leben ist sinnerfüllt und erfolgreich, ich fühle mich sehr wohl und zufrieden.*

❑ *Ich führe ein sinnerfülltes Leben, bin aber nicht erfolgreich, ich fühle mich nur eingeschränkt wohl.*

❑ *Mein Leben ist sinnkritisch und nicht erfolgreich, ich fühle mich völlig unwohl und verloren.*

❑ *Ich bin erfolgreich, führe aber kein sinnerfülltes Leben, ich fühle mich nur eingeschränkt wohl.*

Achtung: *Bei einem hohen Summenwert für die Skala Sinnkrise und einer abschließenden Einschätzung, dass Dein Leben sinnkritisch und nicht erfolgreich ist, und Du Dich völlig unwohl und verloren fühlst, wende Dich dringend an Deinen Hausarzt, den ärztlichen Bereitschaftsdienst oder eine psychologische Beratungsstelle!*

Top 5 – Die 13 Quellen für Dein Leben voller Wohlbefinden

„Lache das Leben an! Vielleicht lacht es wieder."

Jean Paul (1763 - 1825)

U nsere Vorstellungen von Wohlbefinden im Leben und im Alltag sind vielfältig und häufig eng verknüpft mit den Begriffen Glück, Lebenszufriedenheit oder Lebensqualität – übereinstimmend verstehen wir Wohlbefinden immer als etwas Erstrebenswertes und Angenehmes.

Die folgenden 13 Dimensionen und Quellen zeigen Dir, wodurch und wie Du Dein persönliches Wohlbefinden aktiv und nachhaltig für das Leben Deiner Wahl beeinflussen kannst (vgl. Kaufman, 2020; Frank, 2010; Ryff, 1989):

- **Erleben von mehr positiven Emotionen:** Höhere Frequenz und Intensität von positiven Grundstimmungen und Emotionen, wie z.B. Lachen, Freude, Begeisterung, Glückserleben.

- **Reduzieren negativer Emotionen:** Geringere Frequenz und Intensität negativer Grundstimmungen und Emotionen, wie z.B. Traurigkeit, Furcht, Angst, Ärger.

- **Wahrnehmen von Lebenszufriedenheit:** Positive, subjektive Bewertung des eigenen Lebens im Allgemeinen.

- **Empfinden von Vitalität:** Positives, subjektives Gefühl von körperlicher Gesundheit und Energie.

- **Bewältigung der Umwelt:** Fähigkeit, Umgebungen so zu gestalten, dass sie den eigenen Bedürfnissen, Werten und Zielen entsprechen; Gefühl und Überzeugung, die Kontrolle über das eigene Leben zu haben.

- **Positive Beziehungen zu anderen:** Sich von anderen Menschen geliebt, unterstützt und wertgeschätzt zu fühlen; herzliche und vertrauensvolle Beziehungen zu haben; selbst liebevoll und großzügig zu anderen Menschen zu sein.

- **Selbstakzeptanz:** Positive Einstellung gegenüber sich selbst und der eigenen Vergangenheit; Akzeptanz sowohl positiver als auch negativer Seiten der eigenen Person; hohe, stabile Selbstwertschätzung.

- **Erleben von Selbstwirksamkeit:** Erleben von Kompetenz bei der Erfüllung herausfordernder Aufgaben; Gefühl der Effektivität bei der Erreichung wichtiger, selbstgesteckter Ziele.

- **Autonomie:** Fähigkeit zur Selbstbestimmung in der Lebensgestaltung; Autonomie im Denken und Handeln; sich unabhängig und frei fühlen, eigene Entscheidungen im Leben zu treffen; in der Lage zu sein, sozialem Druck zu widerstehen.

Der Mensch, der diese Dimensionen, Fähigkeiten und Einstellungen zum Erlangen und Erhalt seines Wohlbefindens besitzt, glaubt, dass sein Leben bedeutungsvoll ist, sieht einen Sinn im Leben und hat Pläne für die Zukunft.

Er ist offen für neue Erfahrungen und fähig, sich persönlich kontinuierlich weiterzuentwickeln, und ist sich seiner Potentiale bewusst. Und er verfügt über die Fähigkeit zu autonomem Handeln, erlebt sich damit vom Urteil oder Handeln anderer

Menschen weitgehend unabhängig und fühlt sich selbstbestimmt.

Er kann sich selbst akzeptieren, sieht seine Stärken, aber auch seine Schwächen und ist zufrieden mit seinem bisherigen Leben – und er gestaltet seine Beziehungen zu anderen Menschen in einer warmherzigen, vertrauensvollen Weise, ist liebesfähig und besorgt um das Wohl anderer.

Infobox 6: *Selbstbeurteilung der Lebenszufriedenheit - Satisfaction with Life Scale (SWLS; Diener et al., 1984; 1999)*

Die *allgemeine Lebenszufriedenheit* ist eine wesentliche *Teilkomponente des subjektiven Wohlbefindens.* Als Maß der allgemeinen Lebenszufriedenheit wird ein Summenwert aus fünf Aussagen errechnet, die auf einer 7-stufigen Antwortskala beantwortet werden:

7 = *stimme völlig zu,* 6 = *stimme zu,* 5 = *stimme eher zu,* 4 = *weder/noch,* 3 = *stimme eher nicht zu,* 2 = *stimme nicht zu,* 1 = *stimme überhaupt nicht zu*

Bitte beantworte nun die aufgeführten Aussagen der SWLS und errechne im Anschluss den Summenwert aller Antworten:

(1) ____ *In den meisten Bereichen entspricht mein Leben meinen Idealvorstellungen.*

(2) ____ *Meine Lebensbedingungen sind ausgezeichnet.*

(3) ____ *Ich bin mit meinem Leben zufrieden.*

(4) ____ *Bisher habe ich die wesentlichen Dinge erreicht, die ich mir für mein Leben wünsche.*

(5) ____ *Wenn ich mein Leben noch einmal leben könnte, würde ich kaum etwas ändern.*

Dein errechneter Summenwert kann wie folgt interpretiert werden: *„Im Allgemeinen bin ich mit meinem Leben... 5 – 9 = extrem unzufrieden, 10 – 14 = unzufrieden, 15 – 19 = eher unzufrieden, 20 = neutral, 21 – 25 = eher zufrieden, 26 – 30 = zufrieden, 31 – 35 = extrem zufrieden."*

Und er besitzt die Fähigkeit, sein Leben wirkungsvoll gestalten zu können, nutzt Chancen, die sich ihm bieten, und kann sich eine Umwelt erschaffen oder wählen, die seinen Bedürfnissen, Zielen und Werten entspricht.

So wie Du auch!?

In Deiner persönlichen Lebensgeschichte befindet sich alles, was Du wichtig findest: Unter anderem bedeutende Menschen, besondere Umgebungen, Lebensträume und Herzenswünsche, Ziele und Pläne, Entscheidungen und Handlungen, Schlüsselszenen und Lieblingsorte, Erfolge und Lernerfolge, den aktuellen Lebensstatus (vgl. Ernst, 2010).

Du kannst die oben aufgelisteten Quellen und Qualitäten des Wohlbefindens bewusst in Deine Lebensgeschichte integrieren und nutzen, in dem Du Ereignisse, Erlebnisse, Erinnerungen, Erfahrungen und Erkenntnisse Deines bisherigen Lebens so beschreibst und darstellst, dass sie für Dich als Erfahrungswerte, Stärken, Ressourcen, Lernchancen und Entwicklungspotentiale erkennbar werden.

Das Drehbuch des Lebens ist veränderbar

So kannst Du Dich zum Beispiel fragen und beschreiben, wann und wodurch Du in Deinem Leben positive Emotionen von echter Begeisterung empfunden hast. Oder in welcher Lebenssituation Du die Emotion von Ärger konstruktiv einsetzen und verarbeiten konntest. Oder wo, wann und wodurch Du Dich vital und voller Energie gefühlt hast.

Überlege Dir, mit welchen Fähigkeiten und Stärken es Dir gelingt, Dein Leben als Ganzes – im Erfolg wie Misserfolg - zu bewältigen. Oder mit welchen Menschen Du vertrauensvolle und wertschätzende Beziehungen aufgebaut hast. Welche

Beziehungen musstest Du aufgeben, denen Du aber für Ihre Liebe und Unterstützung heute noch dankbar bist?

Wann gab es Phasen, in denen Du Dich voll und ganz mit all Deinen positiven Eigenschaften und Stärken sowie Deinen Macken und Eigenheiten angenommen hast? Und wann hast Du Dich wirklich kompetent und wirksam bei der Erfüllung einer oder mehrerer herausfordernder Aufgaben gefühlt?

Deine Lebensgeschichte enthält auch eine Art von Drehbuch, ein Skript, das die Qualität und Grundausrichtung Deines persönlichen Lebens sowie Dein Selbstverständnis darstellt. Ein *stärken- und entwicklungsorientiertes Drehbuch* Deines Lebens, ein *Commitment-Skript* enthält beispielsweise:

- Frühe Vorteile und Erfolge im Leben

- Optimistische Ideale

- Lebensaufgabe

- Vision des idealen Lebens: Verbesserung von…

- Klar definiertes Ziel

- Langfristiges Investment in die Realisierung der Vision

- Standhafte Hingabe trotz Hindernisse

Stelle Dir immer wieder die Frage: *Zu welchem Selbstverständnis, zu welcher Grundausrichtung fühle ich mich in meinem kostbaren und einzigartigen Leben verpflichtet?*

Betrachte und beachte die Quellen des Wohlbefindens in bewusster Form, beschreibe sie in Deinem stärkenorientierten Commitment-Skript als erfüllte, erlebte und vorhandene Ressourcen, Lernerfolge und Entwicklungschancen. Richte Deine

Aufmerksamkeit hier und heute konsequent auf die Möglichkeiten ihrer gegenwärtigen und zukünftigen Erfüllung. Gehe aktiv und selbstbestimmt aus Deiner aktuellen Lebenssackgasse heraus und nutze diese kraftvollen Quellen und persönlichen Commitments für Dich mit jedem Atemzug, in jedem Moment - ein Leben lang.

Gleiche Deine Lebensgeschichte mit der Frage ab, wo Du gerade im Leben stehst. Stehst Du in einer soliden Lebensphase, die Dir positive Erfahrungen, Emotionen und Energien schenkt, die Du in Dein Lebensskript bewusst integrieren, genießen und nutzen kannst? Stehst Du in einer anderen Lebens- und Umbruchphase - der wachsenden Unzufriedenheit oder des sinnkritischen Umbruchs - und solltest Dich dieser bewusst und ehrlich stellen? Wie standhaft bist und bleibst Du auf Deinem bisherigen Lebensweg, wenn es zu Krisenphasen, äußeren Hindernissen und inneren Widerständen und Blockaden kommt?

Stelle Dir Begleiter an Deine Seite, die Dich unterstützen, reflektieren, inspirieren und fördern. Suche Dir Menschen, mit denen Du diese Dimensionen, Fähigkeiten und Einstellungen gemeinsam verwirklichen kannst. Tausche Dich mit Menschen aus, die für sich einen passenden Lebensweg voller Lebensqualität und Wohlbefinden gefunden haben.

Richte Dich selbst neu aus zu mehr Verwirklichung, Sinn und Erfolg, zu mehr Erfüllung, Nachhaltigkeit und Wohlbefinden in Leben, Beruf und Persönlichkeit. Warte nicht zu lange, führe Dich selbst zur besten Phase Deines Lebens, denn vergiss nicht: Das Leben wartet nicht auf Dich, bis Du bereit bist – das Leben zwingt Dich, damit Du soweit bist, endlich zur besten Version von Dir selbst zu werden!

Selbsteinschätzung II – Standortbestimmung
Persönliche Umbruchphase

Beantworte Dir dazu – so ehrlich wie nötig mit *„Ja"* oder *„Nein"* – folgende Fragen, um zu erkennen, ob Du als Unternehmer, Selbständiger oder Manager am Scheideweg oder in der Sackgasse Deines Lebens stehst:

❑ Nimmst Du Deine berufliche und persönliche Lebenssituation als kritisch und nicht erfüllend wahr?

❑ Bist Du hoch unzufrieden mit Deinem aktuellen Lebensweg?

❑ Hast Du das Gefühl, an einem entscheidenden Scheideweg im Leben zu stehen?

❑ Fühlst Du die Notwendigkeit, ein neues Lebenskonzept/-modell finden und Dich verändern zu müssen?

❑ Weißt Du aktuell nicht, was genau Du tun willst und welchen weiteren Lebensweg Du am besten gehen solltest?

❑ Weißt Du gerade nicht, was Dich in Deinem Innersten antreibt und für Dich das Beste ist?

❑ Kannst Du für Dich nicht selbstbestimmen, was Du persönlich und beruflich in Deinem Leben erreichen willst?

❑ Fühlst Du Dich unsicher, eine neue Ausrichtung in Deinem persönlichen und sozialen Umfeld erfolgreich durchzusetzen?

❑ Hast Du Angst, Bedenken und Sorgen, bei und mit Deiner Neuausrichtung scheitern zu können?

- ❏ Hast Du Angst, Bedenken und Sorgen, Deinen sozialen, gesellschaftlichen Status quo zu verlieren bzw. nicht halten zu können?

- ❏ Weiß Du gerade nicht, wie Du Deine Ziele erreichen und welche Schritte Du erfolgreich umsetzen solltest?

- ❏ Hast Du Bedenken, Dich nicht konsequent genug für Deine neue Ausrichtung und Ziele engagieren zu können?

- ❏ Erlebst Du aktuell die schwierigste Phase Deines Lebens?

Jedes einzelne, bewusste und ehrliche *„Ja"* ist ein *„Nein"* zu Deinem alten, nicht mehr erfüllenden und befriedigenden Lebensweg, den Du JETZT mit einer bewussten Entscheidung für ein nachhaltiges Leben voller Sinn, Erfolg und Wohlbefinden verlassen kannst!

Jedes einzelne, selbstbestimmte und entschiedene *„Nein"* zu Deinem bisherigen, nicht mehr erfüllenden und befriedigenden Lebensweg ist ein *„Ja"* für Dich und zu Dir selbst – auf eine nachhaltige Reise hin zu einem sinnstiftenden und erfolgreichen Leben Deiner Wahl!

Fallbeispiel III: Unternehmer im ganzheitlichen Umbruch

Eine Unternehmer- und Gründerpersönlichkeit, Anfang 40, exzellent akademisch ausgebildet, heute Inhaber und Geschäftsführer einer Vertriebs- und Strategieberatung, kam mit dem dringenden Wunsch, sich beruflich, persönlich und privat neuauszurichten, grundlegend zu hinterfragen und einen sinnstiftenden und erfolgreichen Weg für sich zu finden, um als Unternehmer, Lebenspartner und Privatperson nachhaltig erfüllt und glücklich zu leben.

Er wollte für sich Klarheit über seine weitere Ausrichtung, seine Lebensziele - beruflich, persönlich und privat - sowie die notwendigen Veränderungsschritte gewinnen und einen detaillierten Lebens- und Masterplan für die nachhaltig sinngebende und erfolgreiche Umsetzung seiner Neuausrichtung entwickeln.

Der Coaching-Prozess führte zur bedeutsamen Entscheidung, ein weiteres Mal ein Unternehmen zu gründen, das er konsequent nach seinen persönlichen Wertvorstellungen von Teamwork, Partizipation, Vertrauen, Verantwortung und Selbstbestimmung aufbauen und führen wollte – und es heute mit Unterstützung eines ihn ergänzenden Geschäftspartners auch nachhaltig werteorientiert und erfolgreich tut.

Privat festigte und entwickelte er eine neu eingegangene Partnerschaft weiter – bis hin zur glücklichen Hochzeit und Elternschaft. Die internationalen Arbeitseinsätze gestaltet er heute bewusst balanciert in Abstimmung mit Ehepartnerin und Geschäftspartner. Sein Team im Ausland unterstützt ihn mit voller Überzeugung und Freude als Gegenleistung für die Kultur der Selbstbestimmung und Eigenverantwortung.

Lösungsansätze

- Identifikation der individuellen Bedürfnis-, Motiv-, Sinn- und Wertestruktur

- Situations-, Bedarfs- und Zielanalyse für Lebensführung, berufliche und persönliche Weiterentwicklung

- Visionierung der nachhaltig sinnstiftenden und erfolgreichen Umsetzung der Neuausrichtung

- Erarbeitung eines detaillierten Lebensplans mit konkreten Entwicklungs- und Umsetzungsschritten

- Herausarbeiten des Unternehmenszwecks, der Kernwerte, des Kundenversprechens und der Kulturelemente des neugegründeten Unternehmens

Top 6 – Gestalte Deine Lebensführung, bevor es andere tun

„Im Leben gibt es keine Lösungen. Es gibt nur Kräfte, die in Bewegung sind: Man muss sie erzeugen - und die Lösung folgt."

Antoine de Saint-Exupéry (1900 - 1944)

Ob als Unternehmer, Manager oder in einer anderen Lebensrolle, wir alle haben in unserem Leben eine Vielzahl von Entscheidungen getroffen, die wundervolle, herausfordernde wie auch schmerzvolle Erfahrungen in unserem persönlichen und beruflichen Leben zur Folge hatten.

Manche Entscheidungen trafen wir gerade noch rechtzeitig, manche davon viel zu spät, weil wir zu lange gewartet haben. Manchmal trafen wir Entscheidungen gar nicht, weil uns der Mut oder das Bewusstsein für die Veränderungsnotwendigkeit fehlte - oder andere trafen diese für uns mit mehr oder weniger gewollten Konsequenzen für unser Leben.

Unser Leben schien uns dann fremdbestimmt, wenn wir mit Veränderungen konfrontiert wurden, die wir selbst nicht wollten. Unser Leben schien uns ungerecht, konfrontiert mit Veränderungen, denen wir uns entgegenstellten. Das Leben erschien uns gemein, konfrontiert mit Veränderungen, zu denen wir selbst nicht den Mut hatten.

Viel zu oft hatten und haben wir Angst vor der Freiheit, der eigenen Kraft und der erforderlichen Verantwortung und flüchten uns in die Illusion der Kontrolle und Sicherheit unserer aktuellen Komfortzone, aus der wir nicht heraustreten wollen. Die Angst, unsere Sicherheit, unser Ansehen und unseren

Status zu verlieren, hält uns dort wie ein altes, klebriges Kaugummi fest.

Doch unentwegt ruft uns das Leben leise, aber bestimmt zu: *„Erfinde Dich neu, bevor ich es tue!"* oder *„Verändere Deinen Status, wenn Du ihn erhalten willst!"*

Der leise Ruf des Lebens

Dich selbst konsequent neuauszurichten, erfordert bewusste Aktivität, Anstrengung und Auseinandersetzung mit Dir selbst und anderen. Es erfordert eine selbstkritische Reflexion Deiner Geschichte und konstruktive Würdigung Deiner persönlichen Identität.

Ebenso Aufrichtigkeit im Geist und Herzen, Mut zum Aufbruch und effektive Methoden zur Bestimmung und Umsetzung sinnstiftender und verantwortungsbewusster Lebensziele, die nicht nur Dich selbst betreffen, sondern die Belange und Bedürfnisse anderer mitberücksichtigen.

Von Dir als Unternehmer, Manager und Selbständigen auf der Suche nach einem nachhaltigen Leben voller Sinn, Erfolg und Wohlbefinden erfordert es achtsame, bewusste und eindeutige Entscheidungen darüber, ob Du endlich das Leben Deiner Wahl leben willst, das genau zu Dir persönlich passt und dem entspricht, was wirklich in Dir steckt.

Bevor Du weiterliest, nimm Dir JETZT ein weißes DIN A4 Blatt! Wer mich kennt und mit mir arbeitet, der weiß: *Ich bin ein großer Fan von leeren, weißen Blättern Papier!* Diese sind - praktisch und symbolisch - unschuldige, offene Räume für attraktive, reizvolle Zukunftsentwürfe, die zunächst nur in Deinem Geist, in Deinem Bewusstsein entstehen, aber auf dem weißen Blatt Papier einen ersten kreativen und ungefilterten

Ausdruck finden. Das unschuldig weiße Blatt als Symbol für den offenen Zukunftsraum und als praktisches Medium zum Kreieren eines möglichen Lebenstraums!

Schließe die Augen und stelle Dir kurz vor, Du seist ein junger Mensch von 20 Jahren! Du weißt, erinnerst Dich und spürst genau, dass Du in diesem Alter nicht solche Fragen gestellt hast, wie beispielsweise: *„Wie haben es die anderen früher gemacht?"* oder *„Wie kann ich bewahren, was ich schon habe und bin?"*

Sondern Du hast Dich gefragt - und fragst Dich das genau JETZT wieder: *„Was könnte ich Neues machen?"*

Bleib im Bewusstsein dieser Frage einige Momente und Atemzüge stillsitzen – und nun Augen auf, schreibe auf, was auch immer kommt, schreibe, als sei es der entscheidende Tag für den Rest Deines Lebens. Das weiße Blatt Papier füllt sich!

Und nun kannst Du weitere Fragen stellen und beantworten, nachdem die ersten Kreationen, Inspirationen und Ideen auf dem ehemals weißen Blatt sich mehr und mehr von einem leeren Raum zu einem möglichen Traum entwickelt haben:

- *Wer geht mit auf meine Reise?*
- *Wo gehen wir gemeinsam hin?*
- *Was können wir vom Bestehenden lernen, verbessern und mit auf die Reise nehmen?*
- *Wie stellen wir sicher, dass wir erreichen, wohin wir gehen wollen?*
- *Wer und was bleibt nach mir und trägt das Neue in der nächsten Generation?*

Gewiss ist Deine Zukunft zu einem (un)bestimmten Teil bereits determiniert, weil Du alte, bereits beschriebene Blätter und gereifte Früchte vergangener Entscheidungen und Handlungen mit Dir trägst und aktuell erntest. Daher erfordert Dein neues, potentielles Leben, Dein in Dir und aus Dir heraus entstehender Traum, das Blatt Deiner Unschuld vor allem eines: *Neue Entscheidungen!*

Sei Entscheider, Ermächtiger, Ermutiger Deines Selbst, bleib Entdecker, Erkennender und Entwickler der zukünftigen Früchte Deines Lebens!

Entscheide es klar und eindeutig, ob Du aus Deiner Persönlichkeit das Beste herausholen willst - um etwas nachhaltig Sinnvolles und Erfolgreiches im Leben zu verwirklichen. Und entscheide mutig und eindeutig, ob Du Dein kostbares Leben, Deine besondere Berufung und Deine einzigartige Persönlichkeit auf eine neue Stufe von Nachhaltigkeit, Sinnerfüllung und Wohlbefinden führen willst.

Jede dieser Entscheidungen verändert nicht nur den weiteren Lebensweg, den Du gehst, sondern verändert auch die aktuelle Situation, in der Du Dich befindest, weil sich Dein Bewusstsein entscheidet, die Situation voll und ganz anzunehmen und Deinem vergangenen Leben nicht mehr nachzutrauern.

Weil sich Dein Bewusstsein entscheidet, für neue Wege und Möglichkeiten in Deinem Leben offen zu sein - und es sich entscheidet, selbstbestimmter, aktiver und nachhaltiger Entdecker, Entwickler und Gestalter Deiner zukünftigen Lebenserfahrungen und -wirklichkeiten sein zu wollen.

Leben ist Dynamik, ist Bewegung, ist Veränderung, ist Transformation. Leben ist Rhythmus, Polarität, Wachstum und Entwicklung. Leben bedeutet ebenso Gewinnen, Erfolg und Vermögen wie auch Scheitern, Misserfolg und Lernen.

Leben als bewusster Entwicklungsprozess

Leben ist somit immer auch eine *„Reise zu höherem Bewusstsein"* (Beckwith, 2009), die als Entwicklungsprozess in verschiedenen Stufen des Bewusstseins verlaufen kann:

1. Leben geschieht Dir.
2. Leben geschieht mit Dir.
3. Leben geschieht durch Dich.
4. Leben bist Du.

Leben findet auf Deiner Reise in vielfältigen Lebensbereichen, Beziehungen und Ordnungen statt, in denen wir gefordert und gefördert werden. Leben nutzt und verändert unsere Lebenstalente, Stärken und Ressourcen. Leben schafft sich Ausdruck und findet immer in uns, durch uns und wegen uns statt - denn Dein Leben bist Du selbst!

Bewusstseinsentwicklung erfordert eine *bewusste und nachhaltige Lebensführung*, eine aktive, selbstbestimmte und selbstverantwortliche Steuerung und Gestaltung der persönlichen – inneren und äußeren - Lebensordnung, des individuellen Lebensstiles und der systemischen Lebenskontexte.

Die wichtigsten Lebensbereiche, die Dein subjektives Wohlbefinden bedeutsam beeinflussen und bewusst zu gestalten sind, sind:

- Persönlichkeit/Selbst
- Bildung/Wissen
- Arbeit/Beruf
- Leistung/Produktivität
- Einkommen/Finanzen

- Wohnung/Wohnverhältnisse
- Freizeit/Hobbies
- Familie/Kinder
- Partnerschaft/Ehe
- Sexualität/Intimität
- Freunde/Soziale Beziehungen
- Ehrenamt/Soziales Engagement
- Gesundheit/Vitalität (Körper/Psyche)

Nachhaltige Lebensführung bedeutet...

...eine ausgewogene und weitgehend natürliche Lebensführung, die sich an chronobiologischen Rhythmen orientiert, die psychische und physische Ressourcen zur Selbstregulation fördert und nutzt, im Einklang mit dem soziokulturellen und ökologischen Umfeld steht, und zu Lebensqualität, Wohlbefinden und Gesundheit führt.

Hilfreich dazu ist die regelmäßige Bilanzierung, Reflexion und Ausrichtung der Lebenssituation, des Berufs, der Persönlichkeit, der Beziehungen, des Umfelds, der Kommunikation und des Verhaltens in Gesprächen mit verständnisvollen, wertschätzenden, aber auch aufrichtigen Gesprächspartnern.

Bestehend aus den Schritten: *Bilanzieren, Analysieren, Einstellungen ändern, Entscheiden, Altes Loslassen und Neuausrichten, Zukunft visionieren, Planen, Umsetzen, Fortschritte erleben und würdigen, Vertrauen stärken und Weg fortsetzen...und wieder bilanzieren.*

Mit Menschen, die achtsam und liebevoll, ebenso klar wie konfrontierend den Spiegel vorhalten können. Denn im tiefgründigen und nachhaltigen Austausch liegt für uns alle das größte Potential für selbstbewusste Erkenntnis, sinnstiftendes Lernen und verantwortungsvolles Wachstum.

Infobox 7: *Die Frage des Einen ist die Antwort des Anderen – und doch bleibt es die Weisheit des Selbst!*

Stelle Dir vor, *Dein 84-jähriges gesundes, glückliches und erfülltes Alter Ego* sitzt Dir an Deinem Lieblings- oder Herzensort direkt gegenüber und schaut Dir liebevoll und wertschätzend in die Augen. Das Alter Ego von Dir, das um die Kostbarkeit des Lebens, jedes Augenblicks, jedes Atemzugs und jeder Entscheidung weiß, dieses schaut Dich mit seinen weisen Augen liebevoll an.

(1) Du erzählst ihm von Deiner aktuellen Lebenssituation, Deinen Herausforderungen, Wünschen, Zielen und möglichen, neuen Lebenswegen, die Du planst zu gehen.

(2) Nun stellst Du Deine Frage an Dein Alter Ego: *„Was würdest Du an meiner Stelle tun, was würdest Du mir raten zu tun?"*

(3) Höre aufmerksam Deinem Alter Ego zu – und beantworte danach seine Gegenfrage: *„Was, glaubst Du, habe ich damals entschieden und getan, als ich an derselben Stelle wie Du war?"*

(4) Höre nun Deiner inneren Stimme aufmerksam und achtsam zu, ohne zu bewerten – nimm an, was als Antwort erscheint!

(5) Abschließend umarmst Du gedanklich Dein Alter Ego, und Ihr nehmt liebevoll und dankbar voneinander Abschied.

Immer wieder stehen Menschen vor der Frage, wie es persönlich oder beruflich weitergehen könnte, weil sie Begeisterung und Leidenschaft für ihre aktuelle Lebenssituation verloren haben, ihr Wohlbefinden und ihre Lebens- und

Arbeitszufriedenheit kontinuierlich sinken oder ihre persönliche Lebens- und Arbeitsbilanz als kritisch erleben.

Wer sich neuausrichten will, kommt nicht umhin, sich selbst in Frage zu stellen und zu bilanzieren, wo man steht und wohin die Reise gehen könnte. Neuausrichtung ist immer verbunden mit bewusster Arbeit an sich selbst und ehrlicher Beantwortung offener – auch schmerzhafter - Fragen zur Selbsterkenntnis sowie der Herausforderung, Neues auszuprobieren:

- *Nimm Dir eine Auszeit und reflektiere Deine Situation!*
- *Sei ehrlich zu Dir selbst, rede offen über Deine Wünsche, Gefühle und Ziele!*
- *Sprich mit Deinem Lebenspartner, Deiner besten Freundin – oder einem vertrauenswürdigen und neutralen Menschen!*
- *Meditiere und höre in Dich hinein – achte auf Bilder und Visionen, die in Dir auftauchen!*
- *Beobachte die Natur, andere Menschen oder Lebewesen!*
- *Lies Biographien von Menschen mit außergewöhnlichen Lebensentwürfen!*
- *Beschreibe den idealen Tag und visualisiere Deine Ideen und präsentiere diese anderen Menschen und lasse Dir konstruktiv-kritisches Feedback geben!*
- *Besuche Veranstaltungen, Weiterbildungen und Kongresse, auf denen Du neue Informationen zu möglichen Lebenswegen erhalten und wertvolle Kontakte zu Unterstützern und Entscheidern knüpfen kannst!*
- *Engagiere Dich ehrenamtlich und erlebe, was Dir liegt!*
- *Besuche – auch digitale - kulturelle Events oder mache eine Bildungsreise!*

- *Freue Dich auf Deine ersten Schritte und Erfolge wie auf die Möglichkeit zu scheitern!*

In beruflichen Umbruchphasen bewirb Dich initiativ auf mögliche neue Stellen, teste Dich in Bewerbungsgesprächen aus, wie sich das neue Berufsfeld anfühlt, oder sprich mit Unternehmern, Selbständigen oder Freiberuflern, die einen ähnlichen Weg bereits erfolgreich umgesetzt haben.

Es gelingt nicht immer sofort, die richtigen Fragen und Weichen zu stellen, um einen passenden Weg für den persönlichen Neuanfang zu finden. Dann wieder findest Du stimmige, sinnstiftende Antworten und Wege für einen Neustart, aber Dir fehlt der Mut zur konsequenten Umsetzung: Dein Selbstwertgefühl und die Überzeugung, es zu schaffen, sind zu gering, die Angst vor dem Scheitern ist zu groß, der Wunsch, den persönlichen Status nicht zu verlieren, ist zu stark. So sind es die persönlichen Bewertungen, Überzeugungen und Vorstellungen, die Dir im Wege stehen, einen sinnvollen Lebensentwurf zu entdecken, zu entwickeln und mutig umzusetzen.

Das Leben will in seiner ganzen Fülle – mit der Möglichkeit zu scheitern - gelebt werden und erfordert von Dir ein Höchstmaß an Selbstbestimmung und Mut zu persönlichen Entscheidungen und Handlungen. Lass Dich voll auf das weiße, unschuldige Blatt Deiner Möglichkeiten und Träume ein, um Deinem Leben gelassen sagen zu können, bevor es Dich zwingt: *„Ich bin soweit und vorbereitet!"*

Fallbeispiel IV: Managerin mit Kinderwunsch im Umbruch

Eine Managerin aus dem Bildungsbereich, Mitte 30, in Teilzeit als Elternzeitvertretung arbeitend, im vorherigen Unternehmen in disziplinarischer Verantwortung tätig, nahm das Coaching in Anspruch, um sich rechtzeitig beruflich neu zu orientieren und sich in ihrer Persönlichkeit tiefergehend zu reflektieren, bevor sie ihren Kinderwunsch verwirklichen konnte.

Gemeinsam mit ihrem Lebenspartner war sie in diesem Zeitraum auch in medizinischer Kinderwunschbehandlung. Sie wollte für sich Klarheit über den möglichen beruflichen Werdegang nach der Elternzeitvertretung - und für den Fall, dass sie selbst Mutter werden sollte. Dafür hinterfragte sie ihre persönliche Identität, ihre Selbstkonzepte und ihr Wertesystem, um auf die Rolle einer Mutter, eines Elternteils, einer Erziehungspartnerin sowie auf eine mögliche berufliche Tätigkeit vorbereitet zu sein.

Durch ihre hohe Reflexionsfähigkeit und Veränderungsbereitschaft lernte sie im Coaching-Prozess sehr schnell, die zentralen psychologischen Grundbedürfnisse, Motive, Lebensbedeutungen und Kernwerte ihrer Persönlichkeit zu entdecken, anzunehmen und in eine Vorstellung von zukünftiger Lebensführung und Berufsleben zu integrieren.

Sie bekam im Laufe des Coaching-Prozesses – noch bevor sich erfreulicherweise ihr Kinderwunsch realisierte – eine klare Idee, eine anziehende Vision und entsprechende Gelegenheiten für ihre berufliche Neuausrichtung. Die Balance von Partner-, Mutter- und Elternschaft, beruflicher Perspektive und persönlicher Entwicklung stellte sich nachhaltig und fest verankert in ihrer Lebensführung ein.

Lösungsansätze

- Identifikation der individuellen Bedürfnis-, Motiv-, Sinn- und Wertestruktur

- Situations-, Bedarfs- und Zielanalyse für Lebensführung, Elternschaft, berufliche und persönliche Weiterentwicklung

- Visionierung der nachhaltig sinnstiftenden und erfolgreichen Umsetzung der Neuausrichtung

- Auflösung alter, nicht mehr funktionaler Erinnerungen, Einstellungen und Erwartungen

Top 7 – Der tugendhafte Weg zur besten Phase Deines Lebens

„Meiner Idee nach ist Energie die erste und einzige Tugend des Menschen."

Wilhelm von Humboldt (1767 - 1835)

Ob in Krisenzeiten, in Umbruchphasen, an Feiertagen oder im normalen Lebens- und Berufsalltag, immer zu fördert und fordert das Leben von uns besondere Energien, Qualitäten und Tugenden ein und heraus: *Achtsamkeit, Akzeptanz, Vertrauen, Kreativität, Mut, Demut, Gelassenheit und Dankbarkeit.*

Diese acht wertvollen, psychospirituellen *Lebenstugenden* sind der einfachste und direkteste Weg zu einem Leben voller Wohlbefinden. Jede einzelne dieser besonderen Energien und Lebenstugenden hat eine spezifische Bedeutung und Kraft, um Dein Leben und die dazugehörigen Krisen- und Freudenzeiten erfolgreich zu bewältigen.

Bedeutende wie auch unbedeutendere Ereignisse im Leben bieten uns durch den konstruktiven Umgang mit Hilfe dieser Tugenden wertvolle Gelegenheiten zu Wachstum, Weisheit und Weiterentwicklung zu dem, was wir bestmöglich sein können.

Zu wissen, mit welchen tugendhaften Einstellungen, Fähigkeiten und Verhaltensweisen Du Lebenssituationen angehen und bewältigen kannst - bei all den vorhandenen oder potentiellen Unsicherheiten, Ängsten und Zuständen von Ärger, Wut oder Frustration, ist ein großes, wenn auch anspruchsvolles Geschenk des Lebens, das uns alle immer wieder in besonderer Form und Qualität herausfordert und fördert.

1. Achtsamkeit

Nimm bewusst im gegenwärtigen Augenblick wahr, ohne zu bewerten, ohne zu urteilen! In der Offenheit für das, was im Moment geschieht, bleibst Du gegenwärtig, klar und fokussiert. Nimm Situationen und Menschen so wahr, wie sie sich im Augenblick zeigen – und nicht, wie Du sie haben willst. Diese achtsam wahrzunehmen, fördert Deine Klarheit und Fähigkeit, die Realität des gegenwärtigen Augenblicks zu akzeptieren. Du bist dadurch fähig, Dich selbst zu regulieren, zusätzliche Handlungsoptionen zu erkennen und selbstbestimmt eine Entscheidung für situativ angemessenes Verhalten zu treffen.

2. Akzeptanz

Akzeptiere das, was und wie es ist, damit es veränderbar und gestaltbar wird! Jede Veränderung beginnt mit der Annahme dessen, was ist und Du zu bewältigen hast. Gestehe dem, was gerade ist, zu, dass es ist, damit Du einen Zugang zu dessen Bewältigung findest – oder es Dir einen Zugang zur Bewältigung schenkt. Dazu gehört auch, Dich selbst so anzunehmen, wie und was Du bist. Nicht zu jammern, lamentieren oder wegzusehen, sondern Situation, Persönlichkeit, Ängste und emotionale Schmerzen anzunehmen, ist der erste und wichtigste Schritt zur aktiven Bewältigung Deiner aktuellen Lebenssituation.

3. Vertrauen

Erkenne und vertraue darauf, dass es in dieser Lebenssituation ausreichend viele Lösungsmöglichkeiten und tatsächliche Lösungen gibt! Deine Bereitschaft, sich auf das aktuelle Geschehen und das Werdende einzulassen, fördert und fordert das Vertrauen in Deine Fähigkeiten, Ressourcen und Stärken. Dass es dafür

Lösungen gibt, die nicht nur von außen kommen, sondern bewusst oder intuitiv Deinen eigenen schöpferischen Begabungen, Talenten, Fähigkeiten und Stärken entspringen. Empfinde, spüre, fühle, glaube und wisse, dass Du mit all diesen Begabungen und Fähigkeiten selbst wirksam diese Situation meistern wirst, und die Nutzung Deiner Gaben Deine Aufgabe ist – und nicht das Aufgeben.

4. Kreativität

Öffne Dich anderen Wegen, verlasse Deine gewohnten, mentalen und emotionalen Verhaltensmuster, denke über Deine bisherigen Grenzen hinweg! Wenn bisherige Einstellungen, Entscheidungen und Handlungen für die Bewältigung der aktuellen Lebenssituation nicht mehr funktionieren, erfordert es einen kreativen und offenen Zugang zu neuen, anderen Möglichkeiten der Lebensbewältigung. Lass Dich von anderen Menschen inspirieren, nimm diese Ideen zunächst achtsam an, ohne gleich in die Sofortbewertung zu gehen – lass diese Ideen zunächst wirken und prüfe sie dann wohlwollend und konstruktiv-kritisch auf ihre Wirksamkeit und Umsetzbarkeit.

5. Mut

Werde Dir der Situation und Deiner Möglichkeiten bewusst, gib die – vergeblichen - Kontrollversuche darüber auf, was Du nicht aktiv kontrollieren kannst! Ohne Mut, andere Entscheidungen zu treffen, diese konsequent umzusetzen, zielgerichtet zu handeln und aktiv neue Wege zu gehen, wirst Du keine Veränderung Deiner Lebenssituation bewirken. Gib Deine Bedürfnisse nach Kontrolle, Sicherheit und Anerkennung bewusst auf, die Dich in der Zone der Angst, Furcht und Sorge halten. Lebe in der Gegenwart, fokussiere Dich auf die aktive, selbstbestimmte Gestaltung Deiner Zukunft - wähle selbstverantwortlich Wege des mutigen Lernens und Wachsens, die Dich in die Zukunft führen.

6. Demut

Akzeptiere demütig die Deine Fähigkeiten übersteigenden Anforderungen des Lebens, die eigenen Grenzen sowie die Möglichkeit und Realität Deines Scheiterns! Die realistische Selbsteinschätzung des Selbstwertes und der eigenen Position im Leben sowie das Erkennen der eigenen Würde lassen Dich eine allzu große Selbstüberschätzung vermeiden und auch im Erfolg bescheiden stolz bleiben. Erkenne Leistungen anderer Menschen würdigend und neidlos an, befreie Dich von der Anmaßung der eigenen Wichtigkeit – und nimm Dich doch vollständig liebevoll, achtsam und wertschätzend an. Demut entmutigt nicht, sondern ermutigt Dich zum bewussten und wahrhaftigen Leben.

7. Gelassenheit

Bleibe gleichmütig und ruhig, lass Dich nicht von Deiner inneren Haltung und Überzeugung ablenken, dem Leben in aller Gelassenheit und Gelöstheit gewachsen zu sein! Gelassen zu sein, bedeutet, das loszulassen, was noch nicht ist, bedeutet gelassen bei dem zu sein, was noch nicht sichtbar ist. Gelassenheit weiß um die Rhythmen von Sein und Werden, nimmt das Leben angemessen und unvoreingenommen ernst, ohne es unvorsichtig zu leicht oder unnötig zu schwer zu nehmen. So wie es nichts gibt, was Du erreichen musst, so gibt es auch nichts, was Du zu verlieren hast, solange es Dir nicht verfügbar ist – es gibt nur ein unbewegtes, gelassenes Annehmen dessen, was gerade ist.

8. Dankbarkeit

Sei dankbar für das, was Du auf Deinen neuen Lebenswegen bewirkst und erreichst, was Du bereits bist und hast – und für die Hilfe anderer Menschen! Dankbarkeit ist die beste Möglichkeit, Deinem Leben zu zeigen, dass Du dessen Weisheit, Einzigartigkeit und Kostbarkeit würdigst. Dankbar zu sein, schafft Dir mehr Möglichkeiten und Perspektiven, mit den Schwierigkeiten im Leben umzugehen, lässt Dich anhand dieser Erfahrungen persönlich wachsen und führt zu mehr positiven Emotionen und Lebenszufriedenheit, ohne die negativen Aspekte des Lebens zu verleugnen. Dankbarkeit auszudrücken, ist Dein Eingangstor zu innerer und äußerer Ruhe, Kraft und Vertrauen.

Dankbarkeit ist eine der wichtigsten Tugenden und Charakterstärken für das Erleben von Wohlbefinden, Freude und Zufriedenheit. *Dankbarkeit ist ein Gefühl, ein Ausdruck oder eine Haltung der Anerkennung für eine - materielle oder immaterielle - Zuwendung, die Du erhalten hast oder erhalten wirst.* Du kannst dabei dem Leben, der Natur, anderen Menschen, Dir selbst, der inneren Quelle, dem Göttlichen oder dem (Bewusst-)Sein gegenüber dankbar sein – oder allen zugleich.

Obwohl alle oben beschriebenen Tugenden, Charakterstärken und Persönlichkeitsmerkmale wesentlich für das Wohlbefinden sind (vgl. Peterson & Seligman, 2004), so ist Dankbarkeit eine ganz besonders wichtige Komponente. So kommen zum Beispiel dankbare Menschen mit dem Wechsel in einen neuen Lebensabschnitt besser als andere zurecht: Menschen, die vor der Veränderung dankbarer waren, waren drei Monate später weniger gestresst, weniger niedergeschlagen und zufriedener mit ihren Beziehungen (vgl. Wood et al., 2010).

Dankbarkeit besitzt eine einzigartige Bedeutsamkeit für das psychologische Wohlbefinden und die psychische Gesundheit. Zahlreiche Studien legen nahe, dass dankbare Menschen meist glücklicher und weniger gestresst oder deprimiert sind.

Infobox 8: *Dankbarkeit ist der Zentralschlüssel zum persönlichen Wohlbefinden (vgl. Wood et al. 2010)!*

(1) Dankbare Menschen sind glücklicher, weniger depressiv, weniger unter Stress sowie zufriedener mit ihrem Leben und ihren sozialen Beziehungen (McCullough et al., 2002; Wood et al., 2008; Kashdan et al., 2006).

(2) Dankbare Menschen haben auch ihre Umgebung, ihr persönliches Wachstum, ihren Lebenssinn und ihr Selbstwertgefühl besser unter Kontrolle (Wood et al., 2009).

(3) Dankbare Menschen haben mehr positive Möglichkeiten, mit den Schwierigkeiten in ihrem Leben umzugehen, bitten andere Menschen wahrscheinlicher um Unterstützung, wachsen anhand dieser Erfahrung und verwenden mehr Zeit, um zu planen, wie sie mit dem Problem umgehen sollen (Wood et al., 2007).

Mit diesem Wissen schau Dich um, erkenne die Menschen und Beziehungen in Deinem kostbaren Leben dankbar an, die Dich unterstützt und gestärkt haben – ob es nun Dein Partner, Deine Kinder, Deine Eltern, Deine Freunde, Deine Kollegen, Deine Mitarbeiter, Deine Vorgesetzten oder Deine Kunden waren und sind.

Entdecke alle Situationen und Herausforderungen in Deinem Leben, die Dich gefordert und etwas gelehrt haben – ob Du sie gemeistert hast oder nicht, sie waren alle dankbare Lektionen für Deine Weiterentwicklung. Schau nach innen und sei dankbar für alle Erfahrungen, Fähigkeiten, Stärken und Talente, die Du in Deinem Leben entwickeln und bis jetzt zum Ausdruck bringen konntest – sind sie doch der Grund für die Einzigartigkeit und Kostbarkeit Deines Lebens.

Wenn Du mehr Fokussierung auf die Lebenstugenden für die erfolgreiche und nachhaltige Bewältigung Deines Lebens suchst, dann frage Dich hin und wieder,...

- *...welche Lebenstugenden bei Dir besonders hoch ausgeprägt sind,*

- *...welche Lebenstugenden Du stärker entwickeln und einsetzen kannst.*

Zusätzlich können Dich folgende Tipps unterstützen, ein tugendhaftes und sinnerfülltes Leben zu führen:

- *Lebe jeden Tag im Bewusstsein, als sei er der entscheidende Tag für den Rest Deines kostbaren Lebens!*

- *Schiebe nichts im Leben für ein nachhaltig tugendhaftes und erfülltes Leben voller Wohlbefinden auf!*

- *Tue jemandem etwas Gutes – und vergiss Dich selbst nicht dabei!*

- *Führe ein Dankbarkeitstagebuch oder - spätestens vor dem Schlafengehen - ein tägliches Dankbarkeitsritual durch!*

- *Suche nicht im Außen nach wunderbaren Erlebnissen, begegne Dir selbst, meditiere und suche die Stille!*

Top 8 – Gesunde Macht – Die Welt braucht Deine ganze Kraft

„Sobald du dir vertraust, sobald weißt du zu leben."

Johann Wolfgang von Goethe (1749 - 1832)

Grundsätzlich wird *Macht als ein Beziehungsbegriff* genutzt, der von einem Ungleichgewicht zwischen einem Machtausübenden und einem Machterlebenden ausgeht. Macht löst daher bei vielen Menschen Unbehagen aus, wird der Begriff „*Macht"* doch häufig mit Begriffen wie Unterdrückung, Ausbeutung, Manipulation, Missbrauch, Gewaltanwendung oder Abhängigkeit verbunden.

Laut Wikipedia (2020) kann der Begriff der Macht etymologisch auf zwei ähnlich lautende indogermanische Wurzeln zurückgeführt werden: mag- (kneten, pressen, formen, bilden) oder magh- (machen – im Sinne von können, vermögen, fähig sein). Im Althochdeutschen, Altslawischen und Gotischen bedeutete das Wort Macht (gotisch: magan) so viel wie Können, Fähigkeit, Vermögen (z.B. jemand *„vermag"* etwas zu tun) und ist stammverwandt mit dem Alltagsbegriff *„machen"*. Vergleichbar stammt das lateinische Substantiv für *„Macht"*, potentia, von dem Verb posse ab, das heute mit *„können"* übersetzt wird.

Gesunde Macht als Selbstermächtigung

Macht beschreibt somit im eigentlichen Sinne *das eigene Potenzial, das eigene Vermögen* – und weniger ein Ungleichgewicht von Dominanz und Einfluss innerhalb einer Beziehung. Vielmehr beschreibt Macht die Beziehung zu sich selbst – als

Macht über sich selbst, als Macht in sich, als Ermächtigung seiner selbst.

Diese *Selbstermächtigung im Sinne einer gesunden, balancierten Macht in sich selbst* ist fundamental für psychische Gesundheit, Lebensqualität und nachhaltiges Wohlbefinden und drückt sich in einer Vielzahl von Faktoren, Einstellungen und Wirkungsweisen aus:

1. Gesunde Sprache, Körpersprache, Emotionen und Kognitionen

- Die *Sprache* ist klar, verständlich und befreit von Füllwörtern, Verlegenheitsfloskeln und Negationen.

- Die *Körpersprache* ist aufrichtig, zugewandt und authentisch.

- Die *Emotionen und Gefühle* werden situativ wahrgenommen und angemessen sprachlich und körpersprachlich ausgedrückt.

- Die *Kognitionen und Gedanken* sind klar, strukturiert und führen trotz Mehrdeutigkeit des Lebens zu Verstehbarkeit, Bewältigbarkeit und Sinnhaftigkeit der eigenen Lebenswirklichkeit.

2. Gesunde Einstellungen, Überzeugungen und Grundhaltungen

- *Selbstbewusstsein:* Das reflektierte Wissen um sich selbst und seine Wirkungen – sich seiner selbst in seiner Persönlichkeit, seinen Einstellungen, seinen Entscheidungen, seinem Verhalten und seinen Wirkungen nach innen und außen bewusst zu sein.

- *Selbstbestimmung:* Die Überzeugung, dass Eigenständigkeit, Selbstaktivität und Selbstgestaltung sowie die Kompetenz im Umgang mit den eigenen Problemen zentrale Dimensionen autonomer Lebensgestaltung und Umweltbewältigung sind.

- *Selbstverantwortung:* Die Bereitschaft und Selbstverpflichtung, für eigene Entscheidungen, Handlungen, Unterlassungen und deren Konsequenzen Verantwortung zu übernehmen.

- *Selbstwirksamkeit:* Die Überzeugung, über eigene Fähigkeiten zu verfügen, die benötigt werden, um eine bestimmte Handlung zu organisieren und auszuführen, um damit (selbst-)bestimmte Ziele zu erreichen, sowie die Überzeugung einer Person, auch schwierige Situationen und Herausforderungen aus eigener Kraft erfolgreich bewältigen zu können.

- *Kontrollüberzeugung:* Der Grad der Überzeugung, in dem der Mensch glaubt, dass er die Kontrolle über das Ergebnis der Ereignisse in seinem Leben hat, im Gegensatz zu externen Kräften außerhalb seiner Kontrolle.

- *Selbstakzeptanz/-wertschätzung:* Die positive Bewertung des Bildes von sich selbst (Selbstbild/-konzept) und damit eine grundlegend annehmende, positive Einstellung gegenüber der eigenen Person.

3. Achtsamkeit, Gegenwärtigkeit und Präsenz

- *Die innere und äußere Wahrnehmung von Situationen, Personen und Verhalten, ohne zu bewerten,* führt zu einer achtsamen und akzeptierenden Grundhaltung sich selbst und anderen gegenüber.

- *Das Einlassen auf Gegenwärtiges, das Loslassen von Vergangenem und das Zulassen von Zukünftigem* schafft äußere Präsenz und innere Gelassenheit, Raum und Möglichkeit für Neues und die Annahme dessen, was war, was ist und was wird.

4. Bedingungslose Liebe und Akzeptanz

- *Die bedingungslose Akzeptanz von Personen und Situationen* lässt Geschehenes annehmen und schenkt dadurch Energie und Raum für die konstruktive Verarbeitung und Veränderung schmerzhafter, aber auch freudvoller Geschehnisse im Hier und Jetzt.

- *Die aktive Würdigung und Dankbarkeit gegenüber Dritten* für Lernerfahrungen und lehrreiche Erlebnisse fördert die psychische Balance von ungewolltem Schmerzerleben und verantwortungsbewusster Integration persönlichkeitsentwickelnder Erlebnisse.

- *Die konsequente Vergebung und Verzeihung* befreit vom psychischem und physischem Ballast der Vergangenheit und schafft Gelöstheit von schmerzhaften Bindungen. Scham-, Schuld- oder Rachegefühle verlieren an Kraft und bindender Wirkung an Geschehenem und Personen.

- *Das bewusste Loslassen und Freisein von Urteilen, Konflikten und Schuldgefühlen* löst die für das eigene Vermögen, die Gesundheit und das Wohlbefinden hinderlichen Erfahrungen, Erinnerungen und Erwartungen sowie die damit verbundenen inneren Ängste, Blockaden und Widerstände vollständig auf.

5. Gesunde Verbindung zur inneren Quelle

- Das Gefühl der *Verbundenheit zu einer höheren oder tieferen, inneren Quelle,* die eine vertrauensvolle Führung in Form von Intuitionen, Inspirationen, Informationen oder Sensationen schenkt.

- Die innere Führung und Verbundenheit führt gleichzeitig zu einem *Bewusstsein von Einheit und Einssein mit der Quelle,* einem tiefen Gefühl von Ruhe und Stille sowie von Schutz, Halt und Geborgenheit.

Infobox 9: *Begriffsdefinitionen von Einflussnahme, Machtausübung und Manipulation*

Soziale Einwirkung wird als Oberbegriff für die Formen der Nutzung eines Machtpotenzials zwischen zwei Personen verwendet (vgl. Scholl, 2007):

(1) *Einflussnahme* ist eine absichtliche Einwirkung von A auf das Erleben und/oder Handeln von B, die im Einklang mit den Interessen von B steht, d.h. die Interessen von B werden gewahrt oder sogar gefördert.

(2) *Machtausübung* ist eine beabsichtigte Einwirkung von A auf das Erleben und/oder Handeln von B, die gegen die Interessen von B ist, d.h. die Interessen von B werden verletzt.

(3) *Manipulation* ist eine Machtausübung von A auf B, die von B entweder gar nicht bemerkt wird oder als Einflussnahme wahrgenommen wird, weil die Verletzung der Interessen von B nicht bemerkt wird, d.h. die Interessen von B werden verletzt, aber es wird von B nicht registriert oder nicht A zugeschrieben.

Untersuchungen im deutschsprachigen Raum haben gezeigt, dass hier der Begriff der *„Machtausübung"* eine negative und der Begriff der *„Einflussnahme"* eine positive Bedeutung hat.

Aus all diesen Facetten und Dimensionen der gesunden Macht entsteht in Dir und Deiner Wirkung eine natürliche, von gesunden, ausbalancierten Energien getragene Autorität und Einflussnahme – ganz nach dem Prinzip: *Gesunde Macht trägt der, der sie bewusst in sich entdeckt und (er-)trägt!*

Finde heraus, wie machtvoll Du selbst aktuell bist, welcher tragfähige Weg der gesunden Macht Deiner sein könnte und wie Du selbst etwas für Dich tun kannst, um eine nachhaltig gesunde Macht für Dich und andere zu entwickeln und verantwortungsbewusst einzusetzen!

Persönliche Reflexionsfragen

- Wie sehr sehnst Du Dich nach einer ausbalancierten, gesunden Macht über Dich selbst und Dein Leben?

- Wie sehr bist Du bereit, Deine Persönlichkeit, Deine Lebenssituation und Deinen weiteren Lebensweg mit nachhaltig gesunder Macht auszustatten?

- Wie oft fühlst Du Dich nur vordergründig machtvoll, weil Du Deine Rollen nutzt und - ehrlicherweise - missbrauchst – oder im Gegenteil gerade gar nicht machtvoll, stark und kraftvoll genug bist, Deinen Alltag zu bewältigen?

- Weißt Du, wieviel Macht Du wirklich benötigst?

- Weißt Du, wer Du als Träger gesunder Macht wirklich sein könntest?

- Und was wirklich an gesunder Macht und Vermögen in Dir steckt?

- Wie sieht JETZT Dein Weg zur tragfähigen, gesunden Macht aus?

Wenn wir über Selbstermächtigung bzw. Gesunde Macht reden, dann müssen wir auch über den Begriff „Gesundheit", als den „Sonnenschein der Seele" (Edward Young, 1683 – 1765), sprechen. Denn all Deine Versuche, Dich auf einer psychischen Ebene selbst zu ermächtigen, werden fehlschlagen, wenn Du *die physische Ebene, den gesunden Körper,* außer Acht lässt!

Deine Gesundheit und Deine Leistungsfähigkeit werden durch Dein *individuelles Präventions- und Gesundheitsverhalten,* nicht nur durch die Lebens- und Arbeitsbedingungen beeinflusst. Gesundheitliche Risiken für Deine Leistungsfähigkeit gehen viel stärker von Deinem Präventions- und Gesundheitsverhalten als von bestehenden Lebens- und Arbeitsbedingungen aus.

Eine verantwortungsbewusste, gesundheitsgerechte Lebensführung kann Dich unterstützen, Risikofaktoren wie Stressbelastung, Bewegungsmangel, Fehlernährung, Rauchen und Übergewicht sowie deren Folgerisiken wie mangelnde Fitness, zu hohe Cholesterinwerte und Bluthochdruck für Deine dauerhafte Leistungsfähigkeit zu vermeiden.

Jeder Mensch ist für sein Präventions- und Gesundheitsverhalten selbstverantwortlich. Mit der Übernahme Deiner Selbstverantwortung für Dein Gesundheitsverhalten und jedem behobenen Risikofaktor erhältst Du nicht nur nachhaltig Deine Leistungsfähigkeit, sondern steigerst diese sogar.

Optimal für den Erhalt und Ausbau Deiner langfristigen Leistungsfähigkeit und Gesundheit ist, in Deinem Präventions- und Gesundheitsverhalten eine effektive Kombination aus den folgenden sechs Maßnahmen zu nutzen – doch jede für sich besitzt eine risikomindernde Wirkung:

- Bewegung

- Entspannung

- Ernährung

- Medizinische Vorsorge

- Einstellungsänderung

- Lebensstilveränderung

Eine bewusste, ausgeglichene und nachhaltige Lebensführung berücksichtigt diese sechs Präventions- und Gesundheitsmaßnahmen im ausreichenden Maße und fördert Deine Gesund- und Leistungserhaltung. Diese Maßnahmen bewusst in die Neuausrichtung Deiner Lebensführung zu integrieren, liegt in Deiner persönlichen Verantwortung.

Als Unternehmer oder Selbständiger bist Du per se auf eigenverantwortliches Präventions- und Gesundheitsverhalten ausgerichtet, so Du schon ein Bewusstsein für die Erhaltung von Körper, Psyche, Leistung und Macht hast. Aber auch als angestellter Top Manager, Führungs- oder Fachkraft erwartet das Unternehmen nicht nur von Dir entsprechende Leistungen, sondern häufig auch die eigenverantwortliche – außerbetriebliche - Erhaltung Deiner Leistungskraft und Gesundheit.

Wenn Du einen differenzierteren, detaillierteren Check Deines Lebensstils durchführen möchtest, **dann findest Du im Anhang eine Lebensstilanalyse zur Analyse von Lebensstilen, Lebensbereichen und Lebensführung,** die Dich ermächtigen wird, die richtigen Weichen und Schlüsselentscheidungen für Deine nachhaltige Macht-, Leistungs-, Gesunderhaltung, Lebensführung und Neuausrichtung zu treffen.

●

Top 9 – Werde selbst zum Neuausrichter Deines Lebens

„Ziel des Lebens ist Selbstentwicklung.
Das eigene Wesen völlig zur Entfaltung zu bringen, das ist unsere Bestimmung."

Oscar Wilde (1854 - 1900)

Der erste Schlüssel im Leben für Deine Neuausrichtung hin zu nachhaltigem Wohlbefinden, Gesunderhaltung, vollständiger Potentialentfaltung und Selbstverwirklichung liegt in der Bereitschaft zu *Selbstreflexion, Selbstehrlichkeit und Selbsterkenntnis!*

Der wohlwollende, konstruktiv-kritische Blick auf Dich selbst, Deine Identität, Deine Rollen, Deine Werte, Deine Einstellungen, Deine Denk- und Verhaltensmuster, Deine Kommunikation und Deine Umfelder ist der Eingang in eine Welt unerkannter Möglichkeiten, ungelebter Energien und unerfüllter Seinszustände. Es braucht Deine volle Bereitschaft zu...

Selbstehrlichkeit: *Ehrliche Spiegel sind die Schlüssel zur eigenen Vielfalt!*

- Du bist achtsam, liebevoll und schonungslos ehrlich zu Dir selbst.

- Du bist zu tiefer Selbstergründung bereit – denn Selbstentfaltung bedeutet, Bestmögliches und Grenzen hervorzuheben.

- Du erkennst, was Du von Herzen sein willst, wo Du stark und begrenzt bist, bevor Du Dir Gedanken über die Verwirklichung machen wirst.

- Du stehst zu Deinen Bedürfnissen, Zielen und Wegen – auch wenn diese auf Kritik stoßen und Dir erzählt wird, dass Deine Ziele nicht zu erreichen sind.

Selbsterkenntnis: *Erkenne Dich selbst und Du erkennst wahres Potential!*

- Du nimmst Dich selbst vollständig wahr und erkennst Dein wirkliches Potential.

- Du bist inspiriert und ermutigt, über Dich hinauszuwachsen – und öffnest Dich für das scheinbar Unmögliche in Dir selbst.

- Du weißt, welches Leben Du führen, an welchen Werten Du Dich orientieren, welche Potentiale und Projekte Du zu Deiner Verwirklichung realisieren wirst.

- Du erkennst das Leben, das zu Dir passt, durch das Du die beste Version Deiner selbst und jeden Tag Dein Bestes zum Wohle aller geben kannst und wirst.

Bestmögliche Entfaltung und Verwirklichung Deiner Potentiale, selbstbestimmte Lebensführung, sinnerfüllte Lebenserfolge und nachhaltiges Wohlbefinden sind nur durch die vollständige Übernahme von Verantwortung für Dich selbst, Deine Entscheidungen und Nicht-Entscheidungen, Deine Handlungen und Nicht-Handlungen sowie für die sich daraus ergebenden Konsequenzen möglich.

Und so kommen wir zum zweiten wichtigen Lebensschlüssel, der *Selbstverantwortung!*

Nur wer die Selbstverantwortung übernimmt und aus der Opfer- und Vorwurfshaltung gegenüber Leben, Umständen, Beziehungen und sich selbst herauskommt - nur wer auf die

Schuldzuweisung gegenüber Dritten, Vorfahren, Genen, Umständen, Staat, Sternen, Gott und sonstigen geistigen Kräften verzichtet und Verantwortung für sein Denken und Handeln übernimmt, lebt wahrhaft verantwortungsbewusst und selbstverantwortlich.

Nur wer - trotz gefühltem Kontrollverlust - um seine Verantwortung für sich selbst, seine Umstände und seine Reaktionen darauf weiß und faktenfreie, verschwörungstheoretische Überzeugungen, esoterische Phantasien und soziale Abhängigkeiten aufgeben und auflösen kann, lebt gänzlich selbstverantwortlich und gesund in seiner eigenen Macht, Würde und Kraft.

Nur wer Selbstverantwortung in seiner Tiefe und Konsequenz versteht, übernimmt und lebt, ist in der Lage, in eine Lebensphase und -führung von *Freiheit und Selbstbestimmung,* dem dritten wichtigen Lebensschlüssel für nachhaltiges Wohlbefinden, zu kommen.

Selbstverantwortung & -bestimmung: *Alle Antworten des Lebens liegen in Dir selbst!*

- Du verzichtest vollständig auf eine Opferhaltung, Schuldzuweisungen und Ohnmachtserzählungen.

- Du übernimmst die volle Verantwortung für Dein Leben und Wohlbefinden.

- Für ein freies und selbstbestimmtes Leben übernimmst Du volle Verantwortung und überlässt anderen nicht die wichtigsten Entscheidungen in Deinem Leben.

- Für mehr Selbstbestimmung bist Du bereit, Dein Leben konstruktiv-kritisch zu bilanzieren und Entscheidungen für das Leben Deiner Wahl zu treffen.

Die österreichische Schriftstellerin Marie von Ebner-Eschenbach (1830 – 1916) schrieb einmal: *„Manche Leute wären frei, wenn sie zu dem Bewusstsein ihrer Freiheit kommen könnten."*

Sich der eigenen Freiheit bewusst zu werden, ist der zentrale Schritt, um sich selbst als frei zu erleben - und zu erkennen, dass wir jederzeit die Möglichkeit der freien Wahl besitzen, um unser Leben selbstbestimmt zu gestalten.

Doch Freiheit ist flüchtig, Freiheit macht Angst, *Freiheit ist keine Selbstverständlichkeit!*

In *„Die Furcht vor der Freiheit"* (1941; 1993) stellt der deutsch-amerikanische Psychoanalytiker Erich Fromm (1900 - 1980) heraus, warum es uns Menschen allzu oft nicht gelingt, uns vollständig zu entfalten und zu verwirklichen. Er versteht *Freiheit als positive Verwirklichung der Einzigartigkeit des Menschen und seines individuellen Selbst* und geht davon aus, dass der moderne Mensch noch nicht gelernt hat, seine intellektuellen, emotionalen und sinnlichen Möglichkeiten voll zum Ausdruck zu bringen.

Die Freiheit hat uns Menschen nach Erich Fromm zwar Selbstbestimmung, Unabhängigkeit und Rationalität ermöglicht, aber auch unerträgliche Gefühle von Ohnmacht, Isolation und Angst vor unserer Freiheit ausgelöst, denen wir entfliehen wollen. Und so fliehen die einen - *auch heute noch* - vor der Last ihrer Freiheit und begeben sich zurück in Abhängigkeit und Unterordnung, und die anderen - *einige wenige* - schreiten aktiv und mutig voran zur vollen Verwirklichung ihrer positiven Freiheit, die sich in deren Bewusstsein, Selbst und Leben auf einzigartige, individuelle Weise zu entfalten, auszudrücken und zu verwirklichen versucht.

Infobox 10: *Fluchtmechanismen des modernen Menschen. In: Die Furcht vor der Freiheit (Erich Fromm, 1941; 1993; S. 300 ff)*

(1) Flucht ins Autoritäre: *„Der erste Fluchtmechanismus (...) ist die Tendenz, das eigene Selbst aufzugeben und es mit irgendjemand oder irgendetwas außerhalb seiner selbst zu verschmelzen, um sich auf diese Weise die Kraft zu erwerben, die dem eigenen Selbst fehlt (...) Deutlich erkennbare Formen dieses Mechanismus sind das Streben nach Unterwerfung und nach Beherrschung(...)"*

(2) Flucht ins Destruktive: *„Mir scheint, dass der Grad der Destruktivität beim einzelnen Menschen in einem direkten Verhältnis dazu steht, wie sehr ihm die Entfaltungsmöglichkeiten in seinem Leben beschnitten wurden. Ich meine damit nicht die Versagung dieses oder jenes triebhaften Wunsches, sondern die Vereitelung des gesamten Lebens, die Blockierung der Spontaneität, des Wachstums und des Ausdrucks der sinnlichen, emotionalen und intellektuellen Fähigkeiten (...) Destruktivität ist das Ergebnis ungelebten Lebens."*

(3) Flucht ins Konformistische: *„Dieser Mechanismus stellt die Lösung dar, für die sich viele Menschen in unserer heutigen Gesellschaft entscheiden. Er besteht (...) darin, dass der einzelne aufhört, er selbst zu sein; er gleicht sich völlig dem Persönlichkeitsmodell an, das ihm seine Kultur anbietet, und wird deshalb genau wie alle anderen und so, wie die anderen es von ihm erwarten. Die Diskrepanz zwischen dem „Ich" und der Welt verschwindet und damit auch die bewusste Angst vor dem Alleinsein und der Ohnmacht."*

Im eigenen Leben aktiv den Erfolg zu suchen und zu gestalten, Chancen zu ergreifen, für sich selbst Verantwortung zu übernehmen und dann auch die Folgen zu tragen, beschreibt für mich als Psychologen die wichtigste Form der Freiheit - *Freiheit als Entscheidungs- und Handlungsfreiheit*, die in einer Formel aus fünf zentralen Aspekten besteht:

Freiheit = *Möglichkeit + Risiko + Entscheidung + Vertrauen + Verantwortung*

Der in diesem Sinne frei agierende und selbstwirksame Mensch sucht und erschafft in den aktuellen Lebensbedingungen selbstbestimmt nach Chancen und Entfaltungsmöglich-

keiten, kennt und weiß um die Risiken des Lebens, einschließ-
lich der Möglichkeit zu scheitern, scheut diese aber nicht und
entscheidet sich aktiv – in Abstimmung mit den Lebenswelten,
in denen der Mensch lebt, liebt und arbeitet – für die Umsetzung des eigenen Lebensentwurfs.

Er weiß um seine Fähigkeiten, vertraut diesen, sich selbst
und dem sozialen Umfeld, das er aktiv nach seinen eigenen
Bedürfnissen, Wünschen und Zielen zu gestalten und zu genießen versucht. Er übernimmt Verantwortung für seine Entscheidungen und Handlungen – im Erfolgs- wie Misserfolgs-
fall – und trägt bereitwillig die sich daraus ergebenden Folgen
und Wirkungen.

Der selbstwirksame Mensch ist überzeugt davon, dass er
seine Ziele durch eigene Entscheidungen und Handlungen
verwirklichen kann. Und besitzt zudem die Überzeugung,
schwierige Anforderungen meistern und situativen Versu-
chungen und Ablenkungen von seinen Zielen widerstehen zu
können.

Damit hast Du den vierten Lebensschlüssel für Deine nachhaltig sinnerfüllte und erfolgreiche Neuausrichtung in der
Hand, die *Selbstwirksamkeit!*

Selbstwirksamkeit: *Die stärkste Kraft für Sinn, Erfolg und Erfüllung bist Du!*

- Du setzt Deinen sinnstiftenden Weg konsequent, selbstwirksam und erfolgreich um.

- Du setzt die erforderlichen Aufgaben und Maßnahmen
  nachhaltig erfolgreich um, um Deine Lebensziele zu erreichen.

- Du bist in der Lage, Dich in schwierigen Situationen nicht von Deinem Lebensweg ablenken zu lassen – und bleibst selbststeuernd und wirksam auf Deinem Weg.

- Du erkennst voller Dankbarkeit und Freude die Ursachen für die erfolgreiche Neuausrichtung – und integrierst diese in Dein persönliches Selbstbild.

Entscheidungs- und Handlungsfreiheit ist aber ohne gegenseitiges Verständnis, Verantwortlich- und Vorbildsein nicht möglich, *denn meine Freiheit ist immer auch Deine - und Deine Freiheit ist immer auch meine!*

Selbstbestimmung, Unabhängigkeit und Freiheit bedeuten daher gerade nicht die Möglichkeit, das zu tun und zu lassen, was man will, dass man sich - durch keine Regeln und Normen begrenzt - ungehemmt ausleben kann und im Extremfall ohne Rücksicht auf die Würde, Bedürfnisse und Unversehrtheit von Körper, Geist und Seele anderer zu agieren.

Freiheit ist für den Menschen nicht nur ein Privileg oder Recht auf ein selbstbestimmtes Leben, sondern beinhaltet immer auch *soziale Verantwortung, Selbstkontrolle und Selbstverpflichtung,* mit diesem Recht angemessen und würdevoll umzugehen - und verlangt von jedem Einzelnen bewusste Ausrichtung, fokussierte Aktivität und achtsame Anstrengung.

Freiheit und Selbstbestimmung brauchen letztlich Deine volle Bewusstheit, Klarheit, Mut, Entschiedenheit, Verpflichtung und Verantwortlichkeit. Und somit sind wir beim fünften Lebensschlüssel für die konsequente und nachhaltige Verwirklichung Deines vollen persönlichen und beruflichen Potentials, der *Selbstverpflichtung!*

Selbstverpflichtung: *Klarheit im Inneren ist die Quelle von äußerem Erfolg!*

- Du gehst jederzeit entschlossen, selbstverpflichtet, achtsam und fokussiert Deinen Weg.

- Du gibst entschlossen Dein Commitment zur Umsetzung ab – und gehst mit Mut, Energie und Fokus achtsam Deinen Weg.

- Du verinnerlichst Überzeugungen und Strategien, die Dich auf eine neue Ebene von Sinnerfüllung, Erfolg und Wohlbefinden in Deinem Leben bringen.

- Du weißt effektive Motivations-, Bewertungs- und Belohnungsstrategien einzusetzen, die Dich voll auf Kurs zu einem erfüllten und erfolgreichen Leben halten.

Persönliche Reflexionsfragen

- Wie selbstverantwortlich und selbstbestimmt lebst Du wirklich?

- Wie sehr hast Du Angst vor Deiner eigenen Freiheit?

- Wie ehrlich bist Du vor allem zu Dir selbst?

- Was weißt Du über Dein wahres Potenzial?

- Wie bewusst, klar und konsequent lebst Du Dein eigenes Leben?

- Wie sehr bist Du Dir selbstverpflichtet, nachhaltig sinnvoll und erfolgreich leben?

- Wie leicht lässt Du Dich ablenken, endlich die beste Version Deiner selbst zu entdecken und zu erleben?

Top 10 - Dein Weg in die Selbständigkeit soll ein leichter sein

„Die erste Handlung der Selbständigkeit eines Menschen ist der Entwurf eines solchen Lebensplans."

Heinrich von Kleist (1777 - 1811)

I ch werde oft von angestellten Managern, leitenden und leidenden Führungs- und Fachkräften im Coaching zur Neuausrichtung gefragt, ob denn der Weg in die Selbständigkeit, die Freiberuflichkeit oder das Unternehmertum etwas für sie und ihren weiteren beruflichen Lebensweg sei. Immer wieder erlebe und sehe ich viele ehemalige Angestellte, Kollegen und Bekannte das Wagnis eines selbständigen Berufslebens eingehen und starten...

...und wieder aufgeben!

Gerade Führungskräfte und Manager mit Personalverantwortung, festen Zuständigkeiten und klar definierten Verantwortungsbereichen glauben häufig, dass sie ausreichend über die notwendigen Fähigkeiten, Eignungen und Kompetenzen zum Aufbau und Erhalt einer selbständigen, unternehmerischen oder freiberuflichen Tätigkeit verfügen.

Doch eines ist sicher: *Die selbständige Tätigkeit ist eine völlig andere Lebens- und Arbeitsform* als das bisherige Lebens- und Arbeitsmodell der abhängigen Beschäftigung!

Allzu oft rutschen - sich beruflich neuorientierende - Menschen in eine selbständige oder unternehmerische Tätigkeit hinein und schnell wieder hinaus, weil sie voller fachlicher und branchenbezogener Unwissenheit, Unklarheit, Naivität und Planlosigkeit den Weg angegangen und gestartet sind. Mutig zwar, nur leider erfolglos!

Es braucht für eine nachhaltig erfolgreiche Selbständigkeit fundamentales Wissen, Erfahrungen und Lösungen zur *Geschäftsidee, Positionierung, Businessplanung, Finanzierung, Förderung, Gründung, Marketing, Werbung, Vertrieb, Verkauf, Umsatz, Gewinn, Steuern, Management und Führung.*

Es helfen Dir Kenntnisse und Erfahrungen in der Branche sowie Erfahrungen mit der Selbständigkeit in früheren Lebensphasen - am besten in der Branche, in der Du die Selbständigkeit starten möchtest. Und hilfreich ist es auch, wenn Du über fundierte betriebswirtschaftlich-kaufmännische Kenntnisse verfügst.

Um ins selbständige, unternehmerische Entscheiden und Handeln zu kommen, um in schwierigen Zeiten hartnäckig und konsequent dranzubleiben, um die Überzeugung zu behalten, den Weg der Selbständigkeit mit all seinen Aufgaben und Herausforderungen erfolgreich bewältigen zu können, um bei anfänglichen oder späteren Misserfolgen nicht zu zweifeln, zu verzweifeln oder zu verzagen...

...braucht es *eine gefestigte Persönlichkeit!*

Deine unternehmerische Eignung ist ein bedeutender Faktor für den Erfolg in der beruflichen Selbstständigkeit. Die *Persönlichkeit eines Unternehmers, Gründers, Selbständigen oder Freiberuflers* kann und wird mit einer Vielzahl von belastenden Ereignissen und Erfahrungen konfrontiert:

- Versagens-, Verlust- und Existenzängste

- Misserfolge bei der Auftragsumsetzung

- Umgang mit Scheitern und Stigmatisierungen

- Absage, Verlust oder Nichtgewinn von Aufträgen
- Entscheidungsohnmacht
- Umsatz- und Einkommenseinbußen
- Finanzierungsprobleme
- Steuervorauszahlungen und -nachforderungen
- Unregelmäßige Lebens- und Arbeitszeiten
- Abbruch oder Verkürzung von Urlaub und Pausen
- Unvereinbarkeit von Familie, Freizeit und Arbeit
- Phänomene der Selbstausbeutung
- Schlafstörungen und Überforderungssymptome
- Phasen der Mut-, Energie- und Antriebslosigkeit u.a.

Unternehmer und Selbständige zeichnen sich in ihrer Persönlichkeit relativ stabil durch *hohe Leistungsmotivation, hohes Autonomiestreben und hohe Kontroll- und Selbstwirksamkeitsüberzeugungen aus, gepaart mit Risikoneigung, Problemlöseorientierung, Ungewissheitstoleranz, Durchsetzungsvermögen, Anpassungsfähigkeit, Optimismus, Kreativität, Antriebsstärke, Belastbarkeit und emotionaler Stabilität* (vgl. Müller, 2010).

Zu den wichtigen, *erlern- und veränderbare Kompetenzen* für den Erfolg selbständigen, unternehmerischen Handelns gehören unter anderem:

- *Fähigkeiten,* Eigeninitiative entfalten und sich selbst führen zu können.

- *Sozialkompetenzen,* andere Personen wirkungsvoll zu überzeugen und Einfluss auf sie auszuüben.

- *Strategische Fertigkeiten*, vorausschauend planen zu können, sich eigene Ziele zu setzen, aktiv nach nützlichen Informationen zu suchen, Verantwortung zu delegieren und effektives Zeitmanagement zu betreiben.

Neben den stabilen Persönlichkeitsmerkmalen und veränderbaren Kompetenzen sind es *günstige Umwelt- und Situationsfaktoren* wie ein *unterstützendes, privates und soziales Umfeld*.

Es ist von Anfang an wichtig, das private und soziale Umfeld bei der Entscheidung für die Selbständigkeit einzubeziehen. Dein privates Umfeld erlebt - wie Du auch - Phasen finanzieller Sorgen, existenzieller Ängste, aufgestauten Ärgers oder tiefgreifender Frustration, wenn sich Deine Selbständigkeit schwierig, herausfordernd und nicht so wie geplant gestaltet.

Folgende Beispielfragen können nützlich für die Bewertung Deines Vorhabens der Selbständigkeit sein:

❏ *Wird Dein/e Lebenspartner/in oder Familie für eine ungewisse Zeit auf die finanzielle Sicherheit aus Deiner bisherigen Beschäftigung als Angestellter verzichten können?*

❏ *Sind Dein/e Lebenspartner/in oder Familie bereit, ab dem beruflichen Neubeginn für eine unbestimmbare Zeit in der Selbständigkeit zurückzustehen?*

❏ *Wie gehen Dein/e Lebenspartner/in oder Familie mit Frustrationsphasen um – eher aufbauend, unterstützend und beruhigend oder doch beunruhigend, ablehnend und aufregend?*

Dein privates, familiäres Umfeld wird sich wie Du auf die neuen Lebens- und Arbeitsformen und deren Konsequenzen emotional und mental vollständig einstellen müssen. Es gibt bei der Umsetzung der Selbständigkeit immer wieder die oben beschriebenen Situationen, in denen Dein Umfeld oder Du ängstlich, gehemmt, verärgert oder frustriert sein werdet. Oder es treten bei Dir, Deiner Partnerschaft oder Familie Widerstände, Einstellungen und Reaktionen auf, die die erfolgreiche Umsetzung Deiner selbständigen Tätigkeit be- und verhindern.

Einen großen Einfluss auf den Aufbau, die Umsetzung und Verwirklichung Deiner Selbständigkeit hat daher die zentrale Frage nach ihrer Realisierbarkeit: *Inwieweit seid Ihr, Dein Umfeld und Du, gemeinsam in der Lage, das Ziel der erfolgreichen Selbständigkeit unter den gegebenen Rahmenbedingungen tatsächlich zu verwirklichen?*

Wenn Dein privates Umfeld vollständig überzeugt ist und sich verpflichtet hat, den Weg Deiner Selbständigkeit mitzugehen, dann findest Du dort in schwierigen Zeiten wertvolle Stabilisatoren, Unterstützung und Ressourcen. Wenn nicht, dann sind dort eher zusätzliche Konfliktherde, Energieräuber und Stressfaktoren zu befürchten. Unabhängig davon solltest Du Dich selbst in der Lage fühlen, psychisch und physisch resilient und gesund zu bleiben, um dauerhaft hohe Belastungsspitzen und Frustrationsphasen gut verarbeiten zu können.

Zusätzlich förderliche, situative Bedingungen, die Einfluss auf Start, Entwicklung und Erfolg Deiner Selbständigkeit haben, sind: *Gesellschaftliche, politische und wirtschaftliche Rahmenbedingungen, kulturell günstiges Klima für berufliche Selbstständigkeit und Unternehmertum, berufliche Kontaktnetzwerke, Freundschaftsbeziehungen, professionelle Begleiter und Berater, aber auch Faktoren wie Zufallseinflüsse, glückliche Umstände, günstige Gelegenheiten oder kritische Ergebnisse,* die den Einstieg, Fortgang und Ausstieg beeinflussen können.

Die letzte und entscheidende Frage, ob Du einen Weg in die Selbständigkeit gehen möchtest, ist die Frage nach Deiner *Motivation bzw. Deiner Motivlage zur Freiberuflichkeit, Selbständigkeit, Gründung oder zum Unternehmersein!*

Die Frage, die Du Dir stellen und beantworten solltest, lautet: *Auf welche/s Motiv/e geht der Schritt in die berufliche Selbständigkeit oder Unternehmensgründung zurück?*

Infobox 11: *Bewusste, sichtbare Motive für die Selbständigkeit*

Explizite Motive sind bewusste, reflektier- und kontrollierbare Motive und spiegeln die Selbstbilder, Werte und Ziele wider, die sich eine Person selbst zuschreibt und mit denen sie sich identifiziert:

(1) Raus aus der Arbeitslosigkeit
(2) Unzufriedenheit im Job
(3) Keine Aufstiegschancen im Job
(4) Arbeitsplatz in der Nähe bzw. zuhause
(5) Flexible Arbeitszeiten
(6) Mehr Geld verdienen
(7) Eigene Qualifikation besser ausnutzen
(8) Große Karriere anstreben
(9) Chance, einen erfolgreichen Betrieb zu übernehmen
(10) Familientradition fortführen
(11) Höheres gesellschaftliches Ansehen
(12) Eigener Chef sein
(13) Großartige Geschäftsidee
(14) Marktlücke entdeckt
(15) Hobby zum Beruf machen
(16) Selbstverwirklichung
(17) Gute Zukunftsperspektive u.a.

Motivational viel interessanter für Deine Entscheidung zur Selbständigkeit oder Unternehmensgründung, weil unbewusst handlungssteuernd, sind die nicht unmittelbar reflektier- und sichtbaren Motive, die früh im Leben gelernten, emotional besetzten Verhaltenspräferenzen (vgl. Schallberger, 2004):

1. **Charismatische Motivlage:** Du bist durch den Willen motiviert, in der Konfrontation mit neuen Herausforderungen als Mensch an Profil, an Erfahrungsreichtum oder an Überzeugungskraft zu gewinnen. Beim charismatisch motivierten Gründer liegen ein gesteigertes Selbstvertrauen und ein gesteigerter schöpferischer Werksinn vor.

2. **Subversive Motivlage:** Hier kommt Deine Gründung oder Selbständigkeit einem Akt der konstruktiven Rebellion gegenüber überstarken Elternfiguren und vorherrschenden autoritären und hierarchischen Strukturen gleich. Die konstruktive Rebellion ist mit der Thematik der jugendlichen Selbstbehauptung eines Heranwachsenden verknüpft.

3. **Autonome Motivlage:** Hier beanspruchst Du sowohl im beruflichen als auch im privaten Leben Stimmigkeit, so dass es für Dich zu einer unabhängigen und freien Berufsausübung keine Alternative gibt. In früheren Anstellungsverhältnissen hast Du die Erfahrung gemacht, dass ökonomische Notwendigkeiten oder autoritäre Vorgaben Dich daran hinderten, Deine Berufsausübung stimmig auszurichten.

4. **Kompensatorische Motivlage:** Hier ist Dein Schritt in die Selbständigkeit die Konsequenz eines gesteigerten

Ringens um Selbstachtung und Anerkennung durch andere. Du besitzt ein labiles und verletzliches Selbstbewusstsein und schwankst zwischen Stolz auf das von Dir Erreichte und Entbehrungsängsten. Entsprechend handelst Du als Unternehmer vorsichtig und vermeidest Risiken.

5. **Explorative Motivlage:** Hier geht Deine Unternehmensgründung auf eine bei Dir stark ausgeprägte Neugier zurück. Die Entstehung des *„explorativen Habitus"* wird durch Deine akademische Sozialisation, durch Dein familiäres Umfeld, das soliden ökonomischen und emotionalen Rückhalt bietet, begünstigt. Es ermöglicht Dir eine Freiheit zum Experiment sowie die Chance, Dich konzentriert, zweckfrei, selbst- und zeitvergessen einer Dich interessierenden Sache hinzugeben.

6. **Narzisstische Motivlage:** Hier ist die Unternehmensgründung auf Selbstimmunisierung ausgerichtet. Du versuchst, narzisstischen Kränkungen auszuweichen, die in einem Angestelltenverhältnis drohen. Dass keine streng intervenierende Vaterfigur die quasi-symbiotische Beziehung zur Mutter relativierte oder zu zerschlagen versuchte, begünstigte die Herausbildung Deines narzisstischen Habitus eines *„Muttersohns"*.

Wenn Du Deine bewussten Interessen und unbewussten Motivlagen – Dein Warum - bestimmt hast, dann stellt sich nun die Frage nach der verbindlichen Identifikation mit dem Ziel der angestrebten Selbständigkeit: *Wie entschlossen bist Du?*

Die Entschlossenheit beschreibt, inwieweit Du Dich mit Deinem Ziel identifizierst, Dich an dieses bindest und es tatsächlich umsetzen willst. Eine hoch entschlossene Person fühlt sich ihrem Ziel stark verpflichtet und hat eine konkrete Vorstellung darüber, was sie erreichen und vermeiden möchte.

Sie investiert beim Auftreten von Schwierigkeiten, Hindernissen oder Ablenkungen Zeit und Anstrengung und sucht nach alternativen Strategien, um ihr angestrebtes Ziel zu verwirklichen. Typisch für Entschlossene sind Aussagen wie:

- **Identifikation:** *Mit dem Ziel identifiziere ich mich voll und ganz.*

- **Initiierung:** *Ich kann es kaum erwarten, etwas für dieses Ziel zu tun.*

- **Anstrengungsbereitschaft:** *Auch wenn es für mich sehr viel Anstrengung kosten sollte, werde ich alles tun, um das Ziel zu verwirklichen.*

- **Verbindlichkeit:** *Das Ziel will ich unter keinen Umständen aufgeben.*

Für die abschließende Bewertung des Zieles, Dich selbständig machen zu wollen, ist die Qualität, Richtung, Kontrollierbarkeit und Unterstützbarkeit des Zieles bedeutend (vgl. Storch & Krause, 2007):

- Das Ziel ist *selbstbestimmt.*

- Das Ziel wird als *sinnhaft* erlebt.

- Das Ziel *stimmt mit persönlichen Bedürfnissen, Motiven, Interessen und Werten überein.*

- Das Ziel ist auf *Selbstverwirklichung* ausgerichtet.

- Das Ziel ist ein *Annäherungsziel* – hin zu etwas.

- Das Ziel liegt *im eigenen Kontrollbereich*.

- Das Ziel wird als *günstig* erlebt – auch in Bezug auf das Umfeld, in dem jemand lebt, liebt und arbeitet.

Die Entscheidung für eine Selbständigkeit, Freiberuflichkeit oder unternehmerische Tätigkeit ist eine grundlegende Weichenstellung, eine Grundsatzentscheidung, die Du mit voller Bewusstheit, Klarheit und Überzeugung treffen solltest.

Dir ist nun bewusst, dass die Lebens- und Arbeitsform der Selbständigkeit eine innere Grundhaltung ist, die Teil Deines Selbstverständnisses und Deiner persönlichen Identität sein sollte. Dieses *Identitäts- und Selbstgefühl, ein Selbständiger zu sein*, ist verbunden mit intensiven, positiven Körperempfindungen, Sensationen und Gefühlen, wenn Du darüber sprichst, nur daran denkst oder Dich voll in die Lage hineinversetzt: *Glückseliges Grinsen, feucht werdende Augen, Aufatmen, deutliches Aufrichten oder Veränderung im Klang der Stimme.*

Ist die Grundhaltung tief in Dir verankert und die grundlegende Entscheidung für das selbstbestimmte und sinnstiftende Ziel der Selbständigkeit getroffen, dann spürst und fühlst Du dieses Identitätsgefühl, wenn es sich in einem oder mehreren *körperlichen Empfindungen, Markierungen oder Zustimmungssignalen* für Deinen neuen, selbständigen oder unternehmerischen Lebensweg ausdrückt (vgl. Storch & Krause, 2007).

Und wenn Du nun weiterhin eine Selbständigkeit voller Entschiedenheit und Entschlossenheit anstreben solltest und es entsprechend körperlich empfindest, dann schätze JETZT noch ein, wie es um Deine persönlichen Kenntnisse, Eignungen, Fähigkeiten, Umfelder und Motivlagen steht. Los geht's auf der nächsten Seite!

Selbsteinschätzung III – Standortbestimmung
Mein Potential zur Selbständigkeit

Bitte kreuze die folgenden Dimensionen an, von denen Du zu 100% überzeugt bist, dass Du über diese tatsächlich verfügst, diese vorhanden sind oder auftreten:

☐ Fach- und Methodenkompetenzen

☐ Branchenkenntnisse

☐ Betriebswirtschaftliche Kenntnisse

☐ Selbständigkeit in früheren Lebensphasen

☐ Persönliche Eignung I: *Leistungsmotivation, Autonomiestreben, Kontroll- und Selbstwirksamkeitsüberzeugungen*

☐ Persönliche Eignung II: *Risikoneigung, Problemlöseorientierung und Ungewissheitstoleranz*

☐ Persönliche Eignung III: *Durchsetzungsvermögen, Anpassungsfähigkeit, Optimismus und Kreativität*

☐ Persönliche Eignung IV: *Antriebsstärke, Belastbarkeit und emotionale Stabilität*

☐ Soziale Unterstützung: *Netzwerke, Freundschaften und professionelle Begleiter*

☐ Unterstützendes, privates Umfeld: *Partnerschaft, Familie und Kinder*

☐ Sonstige, günstige Bedingungen: *Zufallseinflüsse, glückliche Umstände und günstige Gelegenheiten*

☐ Entschlossenheit: *Identifikation, Initiierung, Anstrengungsbereitschaft und Verbindlichkeit*

❑ Zielqualität: *Selbstbestimmtheit, Sinnhaftigkeit, Bedürfnis-kongruenz, Selbstverwirklichung, Annäherung, Kontrollier-barkeit und Realisierbarkeit*

❑ Körperliche Zustimmungspunkte: *Glückseliges Grinsen, feucht werdende Augen, Aufatmen, deutliches Aufrichten o-der Veränderung im Klang der Stimme*

❑ Motivlage (auch mehrere möglich):

- Charismatische Motivlage: *Herausforderungen, Er-fahrungsreichtum und Überzeugungskraft*

- Subversive Motivlage: *Konstruktive Rebellion, Ab-grenzung und Selbstbehauptung*

- Autonome Motivlage: *Unabhängigkeit, Freiheit und Stimmigkeit*

- Kompensatorische Motive: *Selbstachtung, Anerken-nung und Selbstwertschätzung*

- Explorative Motivlage: *Neugier, Erkundung und Ex-perimentierfreude*

- Narzisstische Motivlage: *Selbstimmunisierung, Ver-meidung von Kränkungen und Selbsterhöhung*

Anzahl der 100%-Zustimmungen (ohne Motivlage; max. 14 Zustimmungen/Punkte) _____

Subjektiver Gütemaßstab: Für den Weg in die Selbststän-digkeit solltest Du einen *Zustimmungswert von mind. 80%* er-reicht haben, das heißt *12 von 14 Faktoren mit 100% „Ja"* beant-wortet haben.

Subjektive Empfehlung: Die ideale Kombination für eine dauerhafte Selbständigkeit besteht aus den Motivlagen: *cha-rismatisch, autonom und explorativ.*

Top 11 – Starte Deine nachhaltige Neuausrichtung JETZT!

Doch erst einmal halt! Eine Frage: *Wieviel Deiner Neujahrsvorsätze setzt Du jedes Jahr um?* Denn das kennst Du auch: Der Monat Januar geht zu Ende, und wir schauen mit Bedauern auf den Kalender und fragen uns, wie viele unserer Neujahrsvorsätze wir bereits umgesetzt haben bzw. aktiv angegangen sind.

Und häufig fällt die erste Bilanz Ende Januar darüber vernichtend aus: *Nichts davon!* Und was hast Du Dir nicht schon alles in Deinem Leben vorgenommen: Rauchen abgewöhnen, Essverhalten ändern oder mehr Sport treiben etc.? Der innere Schweinehund bzw. Blockierer sitzt vor Dir und grinst Dich an!

Nehmen wir mal an, Du willst am Tag ein Glas Wasser mehr als früher trinken. *„Ein Glas Wasser, mehr nicht!?"*, höre ich Dich sagen. Nun ja, nur ein Glas Wasser mehr am Tag. Wie lange, glaubst Du, dauert es durchschnittlich, bis es Menschen schaffen, ein Glas Wasser mehr am Tag zu trinken?

Es dauert mindestens 18 Tage (vgl. Lally et al., 2010), bis es uns gelingt, zum Beispiel nur ein Glas Wasser mehr am Tag zu trinken! Im Schnitt benötigen Menschen für Veränderungen im Ess- und Trinkverhalten sowie für sportliche Aktivitäten ca. 66 Tage, bis sich das neue Verhalten etabliert und zu einer automatischen Routine bzw. Gewohnheit geworden ist.

Um das zu schaffen, braucht es konsequente Wiederholung des neuen Verhaltens, ein konzentriertes, wiederholtes Einüben des gewünschten Verhaltens. Doch vielen Menschen fällt es schwer die ersten notwendigen Schritte zu gehen und das neue Verhalten zu zeigen. Woran liegt das?

1. Verhalten ist immer eine Funktion aus Person und Situation, deren Eigenschaften und Merkmale bei der Vorbereitung neuer Ziele und Verhaltensweisen nicht ausreichend berücksichtigt werden.

2. Äußere Rahmenbedingungen sind die gleichen und werden nicht geändert: Auslöser und Anreize für das bisherige Verhalten sind im persönlichen Umfeld noch vorhanden und lösen das alte Verhalten aus.

3. Antrieb zur Veränderung kommt von außen: Das neue Verhalten wird nur aus Verpflichtung, Schuld- oder Schamgefühl gegenüber Dritten angestrebt, weil andere wichtige Menschen im Umfeld dieses für richtig und wünschenswert halten.

4. Passende Einstellung ist nicht vorhanden: Bisherige persönliche Glaubenssätze und Überzeugungen, die das alte Verhalten gefördert haben, gelten noch und verhindern unbewusst das neue Verhalten.

5. Wille und Motivation stimmen nicht überein: Menschen wollen etwas umsetzen, ohne dass sie wirklich innerlich dazu motiviert sind.

6. Ziele und Motive stimmen nicht überein: Menschen streben Ziele an, die nicht zu ihren tatsächlichen, sinnstiftenden Lebensmotiven passen.

Und das ist nur ein kleiner Ausschnitt dessen, was uns, was Dich letztlich hindert, die jährlichen Neuausrichtungsvorsätze erfolgreich umzusetzen.

Im Wesentlichen sind es zehn effektive - psychologisch relevante - Voraussetzungen und Schritte, um Dich jedes Jahr – im Leben, Beruf und Persönlichkeit - erfolgreich neuauszurichten:

- Bestehendes Gefühl der Dringlichkeit für die Notwendigkeit der Neuausrichtung

- Erkenntnis der persönlichen Einstellungen, Blockaden, Motivation, Fähigkeiten und Situation

- Selbstbestimmtes Formulieren von sinnstiftenden und passenden Zielen

- Bildung attraktiver Vorstellungsbilder, Einstellungen und Überzeugungen

- Aufbau von Entschlossenheit, Selbstmotivation und Selbstwirksamkeit

- Realisierbare und selbstregulierbare Umsetzungs- und Handlungsplanung

- Schnelle Entscheidungen und Umsetzung erster Maßnahmen in den ersten 72 Stunden

- Konsequente Umsetzung der Neuausrichtung in den ersten 21 Tagen bis 3 Monaten

- Monitoring, Feedback und Belohnungen für erzielte Fortschritte und (Miss-)Erfolge

- Aufrechterhaltung der Umsetzungsenergie und des Fokus auf Deine Neuausrichtung

Es braucht für Deine nachhaltige Neuausrichtung passende Ziele, Einstellungen, Motivationen, Instruktionen sowie attraktive - positive Gefühle auslösende - Bilder vom veränderten Verhalten. Es braucht zur effektiven Verhaltensänderung auch Widerstandsbearbeitung, Anstrengung, Disziplin, Konsequenz, veränderte Rahmenbedingungen sowie ein unterstützendes Umfeld, in dem Du lebst, liebst und arbeitest.

Infobox 12: *„Es gibt nichts Praktischeres als eine gute Theorie."* *(Kurt Lewin, 1890 – 1947)*

Nach Kurt Lewin ist das zielgerichtete Verhalten eines Menschen eine Funktion aus personen- und umweltbezogenen Faktoren, die seinen aktuellen Lebensraum und sein Verhalten in diesem Raum zu einem bestimmten Zeitpunkt bestimmen:

$$V = f(P, U)$$

Die Verhaltensformel besagt, dass das Verhalten einer Person abhängig (eine Funktion) von der Person selbst (seinen Merkmalen) und dem Umfeld bzw. den (anziehenden und abstoßenden) *„Feldkräften"* des Umfelds ist. P und U sind somit in der Formel Variablen, die wechselseitig voneinander abhängig sind.

(1) Personenbezogene Faktoren: Temperament, Eigenschaften, Bedürfnisse, Motive, Ziele, Werte, Normen, Einstellungen, Überzeugungen, Selbstkonzepte, Fähigkeiten, subjektive Wahrnehmungen, Bewertungen u.a.

(2) Umweltfaktoren, auch Situations-/Kontextfaktoren: Umgebung, Klima, Wetter, Energien, Zeit(punkt), Raum(ausstattung), Personen u.a.

Selbstwirksam, persönliche Blockaden und Widerstände aufzulösen bzw. den *inneren Blockierer* - ehemals: *Schweinehund* - zu überwinden, ist besonders herausfordernd, denn er ist ein wichtiger Teil Deiner Persönlichkeit und Resultat vieler Gewohnheiten, die Du in den unterschiedlich attraktiven Lebensräumen ausgebildet hast. Doch wie kannst Du neue Verhaltensweisen trotz der Blockadeversuche Deines inneren Blockierers entwickeln?

Mit diesen sieben Tipps packst Du ihn (vgl. Duhigg, 2012):

Tipp 1: Mache Deinen inneren Blockierer zu Deinem Freund!

Dein innerer Blockierer ist nichts anderes als ein Muster von Gewohnheiten, das Du im Laufe Deines Lebens entwickelt hast und Deine einzigartige Persönlichkeit ausmacht. Würdige ihn, indem Du Deinen Blockierer als wertvollen Bestandteil Deiner selbst anerkennst und ihm liebevoll - wie einem guten Freund - begegnest. Mache Dir und Deinem Blockierer keine Vorwürfe, sondern liebe und nehme ihn an.

Tipp 2: Erkenne die Bedürfnisse und Antreiber Deines Blockierers!

Du hast Deine vermeintlich *„schlechten"* Gewohnheiten deswegen entwickelt, weil Dein innerer Blockierer durch das gewohnte Verhalten elementare Bedürfnisse befriedigt. Finde heraus, welche Bedürfnisse Deinen Blockierer antreiben: Sind es Zerstreuung, Ablenkung, emotionale Entlastung, Stimulierung, Entspannung, Rausch-, Wohlgefühl, Nikotin-, Endorphinrausch, Erfolgserlebnis, Triumphgefühl oder anderes?

Tipp 3: Finde heraus, nach welchen Belohnungen Dein Blockierer immer wieder verlangt!

Die Bedürfnisse des inneren Blockierers sind mit Belohnungen verknüpft, nach denen er immer wieder verlangt. Die Belohnungen sind ständige Antreiber für unsere Verhaltensmuster und Gewohnheiten, die wir wieder und wieder zeigen. So ist zum Beispiel die emotionale Entlastung, die wir mit dem Trinken eines Glases Rotwein am Abend verbinden, der Antreiber für unsere Gewohnheit, an jedem Abend ein Glas zu trinken.

Tipp 4: Entdecke die Auslöser für die Gewohnheiten Deines Blockierers!

Das Trinken eines Glases Wein, das Rauchen einer Zigarette oder das Essen eines Apfels ist gekoppelt an einen Auslöser für dieses Verhalten. Beobachte, bei welchen Gelegenheiten Du welche Verhaltensweisen zeigst, und entdecke die typischen Auslöser Deiner Verhaltensgewohnheiten: Kontext, Standort, Uhrzeit, emotionaler Zustand, andere Menschen oder eine unmittelbar vorhergehende Handlung.

Tipp 5: Wähle mit Deinem Blockierer alternative Verhaltensweisen aus!

Eine Gewohnheit kann man nicht beseitigen, sondern nur verändern, indem man die bisherigen Verhaltensweisen durch neue Routinen ersetzt. Frage Deinen inneren Blockierer, welche Verhaltensweise anstelle der bisherigen in der gleichen Situation und bei gleicher Belohnung sinnvoll und erfolgreich umsetzbar ist. Eine Raucherin kann dann mit dem Rauchen aufhören, wenn sie eine Verhaltensweise findet, die die Zigarette ersetzt, sobald in ihr das Verlangen nach Nikotin ausgelöst wird.

Tipp 6: Stelle einen konkreten Plan mit Deinem Blockierer auf!

Vereinbare mit Deinem Blockierer ein konkretes Ziel und stelle einen Plan mit realistischen Umsetzungsschritten auf. Beschreibe genau, was Du tust, wenn Du in einer bestimmten Situation sein wirst, die bisher Dein altes Verhalten ausgelöst hat: *„Wenn ich einmal in der Woche einkaufen gehe, dann kaufe ich mir sieben Äpfel, eine Sechser-Packung Stilles Mineralwasser, zwei Tüten Studentenfutter!"* oder *„Bevor ich mich entspannt am Abend auf das Sofa setze, schneide ich mir einen Apfel auf!"*

Tipp 7: Verstärke das Verlangen Deines Blockierers nach dem neuen Verhalten!

Zeige Deinem inneren Blockierer wiederholt durch die schrittweise Umsetzung und Würdigung kleiner Erfolgserlebnisse auf, wie lohnend die neuen Verhaltensweisen sind und dass sie mit einem zunehmenden Wohl- und Triumphgefühl verbunden sind. Lobe ihn für seine Fortschritte, Erfolge und Anstrengungen. Sei dankbar, dass ihr beide die Entscheidung getroffen habt, diesen neuen Weg miteinander erfolgreich zu gehen.

Generell gilt für Veränderungen und Neuausrichtungen in jeder Lebensphase: Du erlernst und veränderst nur das, was für Dich - mehr oder weniger bewusst – wichtig, bedeutsam und sinnstiftend ist. Und wenn Du etwas selbstbestimmt verändern willst, das Dir wichtig ist, dann strengst Du Dich auch dauerhaft an, um es zu erreichen, und fokussierst Deine volle Aufmerksamkeit auf das angestrebte Ziel.

Du bist in der Lage, alle möglichen ablenkenden Situationen, Bedürfnisse, Motive und Absichten zu kontrollieren, und entwickelst eine funktionierende Strategie mit konkreten Plänen und Instruktionen, um das, was Dir wichtig, bedeutsam und sinnvoll erscheint, auch wirklich umzusetzen...

...solltest Du aber immer noch denken: *„Ich habe ja noch Zeit, es ist doch erst Ende Januar!"* Dann mache Dir eines JETZT und immer wieder bewusst: *Der Dezember in jedem Deiner kostbaren Lebensjahre - mit all den erwünschten Freuden, aber auch unerwarteten Überraschungen des Lebens - ist schneller da, als Du denkst!*

Fallbeispiel V: Manager im privaten und beruflichen Umbruch

Erfahrener Senior Manager aus der Automobilzulieferindustrie, Ende 40, verheiratet, 2 Kinder. Beruflich durch neuen CEO in seinem bisherigen internationalen Verantwortungsbereich eingeschränkt, privat in kritischer, kurz vor einer möglichen Trennung stehenden Beziehungsphase mit Ehepartnerin.

Er kam zum Coaching, um sich beruflich neu zu orientieren und sich in seiner Persönlichkeit selbstkritisch zu reflektieren, um herauszufinden, welche Persönlichkeitseigenschaften, Einstellungen und Verhaltensweisen ihn in diese kritische Lebensphase von *„beruflicher Kastration"* und privater Beziehungskrise gebracht hat.

Im Vordergrund stand für ihn der zentrale Wunsch, die Beziehung zur Lebenspartnerin zu retten und gleichzeitig eine persönlich passende, berufliche Herausforderung zu finden, durch die er die Möglichkeit bekam, sich beruflich weiterzuentwickeln und die Beziehung zu stabilisieren.

Durch seinen Leidensdruck, seine hohe Auffassungsgabe und Selbstreflexionsfähigkeit wurde ihm im Coaching sehr klar und bewusst, welche Wirkungen er im beruflichen und insbesondere im privaten Umfeld von Familie, Kindern und Partnerin hinterließ, wo und wie er Einstellungs- und Verhaltensänderungen vornehmen sollte und konnte.

Die beruflichen Optionen hinterfragte er auf Beziehungstauglichkeit, Entwicklungschancen und dem möglichen Einsatz seiner fachlichen und persönlichen Qualitäten als erfahrene Fach- und Führungskraft und entschied sich für eine Option, die ihm nachhaltig die Lebensbalance zwischen Beziehung, Familie und Beruf sicherte.

Lösungsansätze

- Identifikation der individuellen Bedürfnis-, Motiv-, Sinn- und Wertestruktur

- Situations-, Bedarfs- und Zielanalyse für Lebensführung, Beziehungsgestaltung, berufliche und persönliche Weiterentwicklung

- Bewusstmachen von Widerständen, Verhaltens- und Wirkungsweisen in den verschiedenen Lebensbereichen

- Bearbeitung bestehender dysfunktionaler Einstellungen und Erwartungen an sich selbst

- Entwicklung und Verankerung funktionaler Einstellungen, Werte und Verhaltensweisen

Top 12 – Der beste Neuausrichtungsprozess der Welt

*„Finde heraus, wo deine stärksten Wurzeln liegen,
und verlange nicht nach anderen Welten."*

Henry David Thoreau (1817 - 1862)

F ür jeden Menschen gibt es einen sinngebenden Weg, der ihm ganz und gar entspricht. Deine nachhaltig sinnstiftende und erfolgreiche Neuausrichtung im Leben und Beruf braucht dafür ein valides, systematisches und verantwortungsbewusstes Fundament.

Mit der professionellen Erfahrung als Coach, Trainer und Psychologe von über 25 Jahren und der Begleitung von unzähligen Menschen, Seminarteilnehmern und Coachees in der Führungskräfte-, Personal- und Persönlichkeitsentwicklung – sowie der eigenen existenziellen Erfahrung, in meiner Freiberuflichkeit fast in einen Burnout gerutscht zu sein, habe ich mich auf den Weg gemacht, ein fundiertes, valides und zuverlässiges Modell und Programm zu entwickeln, um es in meinen Life & Business Coachings mit Unternehmern, Selbständigen und Managern einzusetzen.

Ziel meiner Modellentwicklung war es, einen systematischen Coaching- und Beratungsprozess für ein Leben mit Sinn, Erfolg und Wohlbefinden zu entwickeln, der als Grundlage für einen strukturierten Ablauf von Coachings zur Neuausrichtung von beruflichen und persönlichen Lebenssituationen auf selbstbestimmte und sinnstiftende Lebens-, Entwicklungs- und Karriereziele und deren erfolgreicher Umsetzung dient.

Das *Coaching-Prozessmodell für Sinn, Erfolg und Wohlbefinden* wurde von mir 2012 entwickelt und 2014 als Abschlussarbeit zum *„Certified Professional of Positive Psychology"* beim Inntal Institut, Lehrinstitut DACH-PP e.V. zur Begutachtung und Zertifizierung erfolgreich eingereicht.

Infobox 13: *Auszug aus Abschlussarbeit zum Coaching-Prozessmodell für Sinn, Erfolg & Wohlbefinden (Maurer, 2012, 2014)...*

stellt diese in einen prozessualen, wechselseitigen Zusammenhang. Das SPEW bildet die Grundlage für das prozessuale Vorgehen im Rahmen von Coachings und Beratungen zu Fragestellungen der Veränderung von beruflichen und persönlichen Lebenssituationen und der Neuausrichtung auf sinnstiftende Lebens- und Karriereziele und deren erfolgreichen Umsetzung.

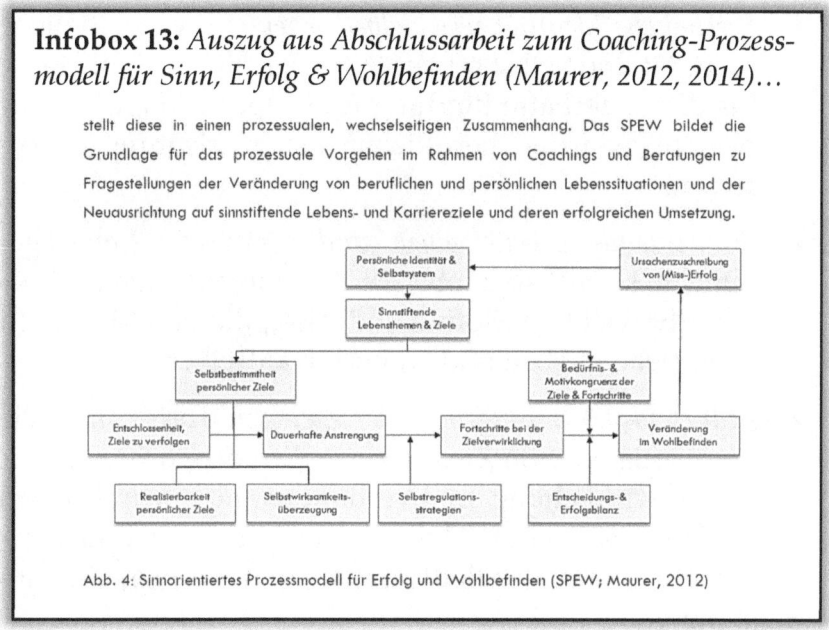

Abb. 4: Sinnorientiertes Prozessmodell für Erfolg und Wohlbefinden (SPEW; Maurer, 2012)

Im Folgenden findest Du die *13 psychologisch wichtigsten Faktoren* meines Modells bzw. Programms, die Dich nachhaltig und nachweislich effektiv auf Deinem neuen Lebensweg zu mehr Sinn, Erfolg und Wohlbefinden führen. Diese Faktoren bilden die valide und systematische Grundlage für Deinen persönlichen Coaching- und Beratungsprozess und erhöhen die Effektivität und Nachhaltigkeit Deiner sinnstiftenden, erfüllenden und erfolgreichen Neuausrichtung von Leben, Berufung und Persönlichkeit:

- *Veränderung im Wohlbefinden:* Die Erfassung des subjektiven und psychologischen Wohlbefindens und dessen Veränderungen während der Neuausrichtung bilden die Ausgangs- und Prüfpunkte für den Coaching-Prozess.

- *Persönliche Identität und Selbstkonzepte:* Die persönliche Identität und Selbstkonzepte spielen eine zentrale Rolle für die dauerhafte Bindung und Motivation, Ziele zur persönlichen und beruflichen Neuausrichtung umzusetzen.

- *Sinnstiftende Lebensthemen und Ziele:* Die Lebensgeschichte schafft sinngebende Zusammenhänge und beschreibt wichtige Motive und Ziele, die den Menschen angetrieben haben und weiterhin antreiben.

- *Bedürfnis-/Motivkongruenz der Ziele und Fortschritte:* Die Sinnhaftigkeit von Zielen sowie die Fortschritte bei der Zielverwirklichung sind verbunden mit einem Erleben starker positiver Affekte – wenn die Ziele und Fortschritte mit inneren Bedürfnissen und Motiven übereinstimmen.

- *Selbstbestimmtheit persönlicher Ziele:* Selbstbestimmte Ziele sowie Ziele, die auf Selbstverwirklichung ausgerichtet sind, führen zu höheren Erfolgen in der Umsetzung als Ziele, die von außen bestimmt sind.

- *Entschlossenheit, Ziele zu verfolgen:* Wesentlich ist die Frage der Entschlossenheit, inwieweit der Mensch sich mit seinen Zielen identifiziert und sich an diese bindet – und seine autonomen Ziele tatsächlich umsetzen will.

- *Realisierbarkeit persönlicher Ziele:* Einfluss auf die fortschreitende Verwirklichung persönlicher Ziele hat die Frage der Realisierbarkeit von Zielen, inwieweit der Mensch in der Lage ist, seine Ziele unter den gegebenen Bedingungen tatsächlich zu verwirklichen.

- *Selbstwirksamkeitsüberzeugung:* Besonders wichtig für die erfolgreiche Umsetzung von Zielen ist die Überzeugung, über eigene Fähigkeiten zu verfügen, die benötigt werden, um bestimmte Handlungen zu organisieren und auszuführen, um damit bestimmte Ziele zu erreichen.

- *Dauerhafte Anstrengung:* Grundlegend erforderlich sind dauerhafte Anstrengung und die Passung zwischen den Anforderungen einer zielbezogenen Tätigkeit und den vorhandenen Fähigkeiten. Verstärkend sind dabei Anreize und Belohnungen, die das Durchhaltevermögen während der Umsetzung fördern.

- *Selbstregulationsstrategien:* Effektive Selbstregulation bedeutet, sich seiner Ressourcen und Grenzen bewusst zu sein und vorbeugende Abwehrmaßnahmen zu treffen, um sich selbst gut zu kontrollieren, Ablenkungen zu widerstehen und Frustrationen zu überwinden.

- *Fortschritte bei der Zielverwirklichung:* Wenn der Coachee sein Lebensziel erarbeitet hat, ist es für ihn wichtig, dass er mit der Umsetzung seines Ziels möglichst viele Erfolgserlebnisse hat. Diese Fortschritte wahrzunehmen, zu würdigen und zu belohnen, verstärkt die Motivation, das Ziel weiter verfolgen zu wollen.

- *Entscheidungs- und Erfolgsbilanz:* Die Erfolgs- und Entscheidungsbilanz bestimmt die subjektiv wahrgenommenen Vorteile und Nachteile einer Zielerreichung und beeinflusst das Wohlbefinden, die Aufrechterhaltung des Zielverhaltens und die Umsetzungsmotivation für das angestrebte Lebensziel.

- *Ursachenzuschreibung von (Miss-)Erfolg:* Ein letzter, wichtiger Faktor für die Aufrechterhaltung der weiteren Erfolgsmotivation ist die Zuschreibung der Ursachen des Erfolgs und deren Integration in die persönliche Identität bzw. das Selbstbild des Coachees.

Klingt das theoretisch?

Praktisch ja, doch es ist das psychologische Fundament meiner erfolgreichen Coaching-Praxis, ohne die ein valider Prozess und professionelle Programme zur Neuausrichtung nicht nachhaltig sinnstiftend und effektiv funktionieren!

Für die wirksame und nachhaltige Umsetzung Deiner Neuausrichtung sind all diese Einstellungen, Überzeugungen und Verhaltensweisen auch deswegen nützlich, weil diese Dir als erforderliche Prozessschritte und Gütemaßstäbe für die erfolgreiche Umsetzung Deiner Neuausrichtung dienen.

Lass uns dazu eine Übung zur Selbsteinschätzung machen! Stelle Dir vor, Du bist gerade vor, inmitten oder am Ende einer nachhaltigen Neuausrichtung von Leben, Beruf und Persönlichkeit, und hast nun die Gelegenheit zu überprüfen, wo genau Du in der Umsetzung Deiner Neuausrichtung stehst.

Dazu stehen Dir die oben beschriebenen Faktoren und dazugehörigen Indikatoren zur Verfügung, die Du JETZT nutzen kannst, um Deinen persönlichen Neuausrichtungs-Check zu machen. Auf der nächsten Seite geht es los!

Selbsteinschätzung IV – Standortbestimmung
Reality Check Deiner aktuellen Neuausrichtung!

Jede der folgenden Aussagen überprüfst Du auf einer Skala von *0 = überhaupt nicht erfüllt* bis *10 = vollständig erfüllt* und schätzt deren vorhandenes Ausmaß ein.

1. Persönliche Identität und Selbstkonzepte

❑ *Ich weiß, was ich kann und mir selbst wert bin.*

❑ *Ich weiß, wer ich bin und sein will.*

2. Sinnstiftende Lebensthemen und Ziele

❑ *Ich weiß, was mich antreibt und motiviert.*

❑ *Ich weiß, was mir Sinn stiftet und Bedeutsamkeit schenkt.*

3. Selbstbestimmtheit persönlicher Ziele

❑ *Ich bestimme selbst, was ich für mich Sinnvolles erreichen will.*

❑ *Ich bestimme nur Ziele, die mich selbst interessieren.*

4. Entschlossenheit, Ziele zu verfolgen

❑ *Ich bin entschlossen, die selbstbestimmten, für mich sinnvollen Ziele zu erreichen.*

❑ *Ich identifiziere mich voll und ganz mit meinen Zielen.*

5. Realisierbarkeit persönlicher Ziele

❑ *Ich besitze die dafür erforderlichen Fähigkeiten, Gelegenheiten und Unterstützungen.*

❑ *Ich bin von der Verwirklichung meiner Ziele überzeugt.*

6. Selbstwirksamkeitsüberzeugung

❑ *Ich bin überzeugt, mit eigenen Entscheidungen und Handlungen meine Ziele zu erreichen.*

❑ *Ich finde auch in schwierigen Situationen passende Lösungen.*

7. Dauerhafte Anstrengung

❑ *Ich engagiere mich dauerhaft und konsequent für meine Ziele.*

❑ *Ich setze die erforderlichen Aktivitäten schrittweise um.*

8. Bedürfnis-/Motivkongruenz der Ziele und Fortschritte

❑ *Meine Ziele und Erfolge entsprechen dem, was mich antreibt und motiviert.*

❑ *Ich erlebe das, was ich tue und erreiche, als bedeutungsvoll.*

9. Selbstregulationsstrategien

❑ *Ich fokussiere meine Aufmerksamkeit und Ressourcen auf das, was zu tun ist.*

❑ *Ich kontrolliere meine Gefühle und Gedanken - auch wenn es schwierig und herausfordernd wird.*

10. Fortschritte bei der Zielverwirklichung

❑ *Ich erkenne aufmerksam meine Fortschritte und (Teil-) Erfolge bei der Zielerreichung.*

❑ *Ich würdige konstruktiv meine Fortschritte und (Teil-) Erfolge.*

11. Entscheidungs- und Erfolgsbilanz

❑ *Ich habe anspruchsvolle, aber erreichbare Leistungs- und Erfolgsmaßstäbe.*

❑ *Ich habe eine positive Aufwands-Ertragsbilanz meiner Fortschritte und (Teil-)Erfolge.*

12. Veränderung im Wohlbefinden

❑ *Ich spüre achtsam die Veränderungen in meinem psychischen und körperlichen Wohlbefinden.*

❑ *Ich fühle mich wohler und zufriedener - auch wenn ich meine Ziele (noch) nicht erreicht habe.*

13. Ursachenzuschreibung von (Miss-)Erfolg

❑ *Ich nehme meine Erfolge an und schreibe mir selbst die Ursachen des Erfolgs zu.*

❑ *Ich integriere meine Erfolge vollständig in meine persönliche Identität.*

So, wo stehst Du in der Vorstellung und Bewertung Deiner Neuausrichtung JETZT?

- Wie hoch ist der Gesamtsummenwert?
  (max. 260 Punkte) _____

- Bei welchen Faktoren hast Du hohe Punktwerte?
  (> 14 Punkte) _____

- Bei welchen Faktoren sind die Punktwerte gering?
  (< 6 Punkte) _____

Top 13 – Liebe die Unterstützung durch kompetente Begleiter

„Wenige Leute haben Mut genug, unangenehme Ratschläge zu geben."

Christine von Schweden (1626 - 1698)

Wenn Du Dich JETZT persönlich und beruflich nachhaltig neuausrichten möchtest, dann hast Du bestimmt schon viele Ansätze entdeckt, die Dir alles Mögliche für Deine Neuausrichtung versprechen – ob das Beratungen auf Massenveranstaltungen, esoterische Berufungsversprechen oder sonstige ineffektive Ansätze zu Deiner erfolgreichen und professionellen Neuausrichtung von Leben, Beruf und Persönlichkeit sind.

Als Fachmann/-frau in Deinem Beruf weißt Du selbst am besten, dass es ohne professionelles Fundament, systematisches Vorgehen und maßgeschneiderte Begleitung keinen nachhaltigen Erfolg im Leben und Beruf geben kann – das gilt umso mehr für die Veränderung und Neuausrichtung Deines eigenen Lebens!

Jede bedeutsame Veränderung im Leben hat Auswirkungen auf die psychische Ebene des Menschen – und umgekehrt: Jede erfolgreiche Veränderung erfordert eine gezielte Vorbereitung und Ausrichtung von Bewusstsein, Identität, Einstellungen, Absichten und Verhalten auf der psychischen Ebene durch psychologisch effektive Methoden und Praktiken.

Du selbst brauchst die persönliche Bereitschaft und Fähigkeit zur dauerhaften Umsetzung und den klaren, konzentrierten Willen zur nachhaltigen Neuausrichtung sowie ein unterstützendes, soziales Umfeld, das Dich trägt, stärkt und stützt.

Denn nicht immer bist Du als selbstbestimmter und verantwortungsvoll lebender Mensch allein in der Lage, zu erkennen und zu entscheiden, was für Dich persönlich und Dein Umfeld sinnvoll und bedeutsam ist, um ein erfülltes und erfolgreiches Leben zu verwirklichen – ein ausgeglichenes Leben zwischen Beruf, Partnerschaft, Familie und persönlicher Freiheit.

Solche unterstützenden Qualitäten sind nicht in jedem privaten Umfeld gegeben. Umso wichtiger ist es, sich im Falle von Scheitern, Stagnation, Sinnkrisen oder Neuausrichtung professionelle Unterstützung, Beratung oder Coaching einzuholen.

Ein Sparringspartner als Beschleuniger und Wegbegleiter

Um Dir zur bestmöglichen Erkenntnis zu verhelfen – und für Deine Klarheit - sind professionelle Begleiter und Coaches als Katalysatoren für Dich da! Oder kennst Du Deine wahren Lebensziele und die erforderlichen Maßnahmen zur Neuausrichtung bereits so gut, und bist Du in Deinen bisherigen Überzeugungen und Einstellungen so sehr verankert, dass Du den neuen Lebensweg mutig startest und konsequent weitergehst?

Um Dich in eine sinngebende Veränderung zu führen - und für Deine Fokussierung - sind wir als Wegbegleiter für Dich da! Oder erlebst Du auf Deinem Weg der Neuausrichtung und Verwirklichung keinerlei Ablenkungen, Hindernisse und Enttäuschungen, die dazu führen könnten, dass Du den eingeschlagenen Lebensweg verlassen wirst oder nur schrittweise von Dir umgesetzt wird, ohne dass sich Erfolg, Wohlbefinden und Erfüllung einstellen werden?

Um Dich nachhaltig auf Kurs zu halten - und für Deine Ausrichtung - sind wir Coaches da! Auf all das und die folgenden Aspekte lege ich mit meinen *Neuausrichtung JETZT! Coaching-*

Programmen für Deine individuelle, systematische und psychologisch fundierte Begleitung Wert:

- Würdigung und Erkenntnis ohne Schnick-Schnack

- Ganzheitlichkeit (inkl. Spiritualität) ohne Esoterik

- Entwicklung und Motivation ohne Chaka-Chaka

- Veränderung mit Klarheit und Überzeugung

- Neuausrichtung mit Fokus und Nachhaltigkeit

Infobox 14: *Effekte und Wirkfaktoren von erfolgreichem Coaching*

Vgl. Coaching-Report (Rauen, 2020): *„Insgesamt kommen die Metaanalysen zu dem Ergebnis, dass Coaching wirkt…"* (Kotte et al., 2016)

(1) *Positive Effekte durch Coaching* (Theeboom et al., 2013): Die größten Effektstärken wurden für die Kategorien *Zielerreichung, Leistungsfähigkeit, Arbeitseinstellung, Wohlbefinden* und *Entwickeln von Strategien zur Problem-Bewältigung* gemessen.

(2) *Wirkfaktoren im Coaching*:

a) *Coach-Klient-Beziehung*: Die Qualität der Beziehung zwischen Coach und Klient hat signifikanten Einfluss auf den Erfolg des Coachings (Sonesh et al., 2015);

b) *Vergleich Face-to-Face- vs. Blended-Coaching*: Beide Settings erweisen sich als gleichermaßen effektiv (Jones et al., 2015);

c) *Selbstwirksamkeitserwartung*: Hoch signifikanter Einfluss der Klarheit über Veränderungsmöglichkeiten und des Vertrauens, dass die gewünschte Veränderung durch das erreicht werden kann, was der Klient im Coaching tut, auf die Zielerreichung (Kinder et al., 2020).

Coaching wird praktiziert durch Personen mit psychologischen und betriebswirtschaftlichen Kenntnissen sowie praktischer Erfahrung bezüglich der Anliegen des Coachees, um die

Situation fundiert einschätzen und qualifiziert begleiten zu können (vgl. Rauen, 2020 ff.).

Der Coach braucht für seine Arbeit fundiertes Wissen und eine Feldkompetenz, um die Anliegen des Coachees verstehen und einordnen zu können. Dies bedeutet, dass verschiedene Qualifikationen und Erfahrungen aus den Bereichen Psychologie, Betriebswirtschaft, Beratung, Personal- und Organisationsentwicklung, Führung und Management in einem Coach vereinigt sein sollten.

Ein effektives Coaching-Programm setzt ein ausgearbeitetes Coaching- und Beratungskonzept voraus, das das Vorgehen des Coachs erklärt und den Rahmen dafür festlegt, welche Methoden, Techniken und Interventionen der Coach verwendet, wie angestrebte Prozesse ablaufen können und welche Wirkzusammenhänge zu berücksichtigen sind. Zudem sollte das Konzept so transparent sein, dass Manipulationen ausgeschlossen werden können.

Das hier vorgestellte Coaching- und Beratungskonzept ist mein Handwerkszeug, über das Du aufgeklärt sein solltest. So kannst Du jederzeit nachvollziehen, wie mein Coaching zur nachhaltig sinnstiftenden und erfolgreichen Neuausrichtung funktioniert.

Coaching ist ressourcen-, lösungsorientiert und zielfokussiert und auf eine bewusste Selbstentwicklung und Selbstverwirklichung ausgerichtet. Auch wenn im Coaching Analysen wichtig sind, liegt der Schwerpunkt in einer ressourcenfokussierten und -stärkenden Lösungsorientierung. Mein Coaching dient dem Erreichen von selbstgesteckten, realistischen Zielen, die für Deine persönliche und berufliche Entwicklung von besonderer Bedeutung sind.

Mein Coaching richtet sich an bestimmte Personen in unternehmerischer, selbständiger oder freiberuflicher Tätigkeit sowie an Personen mit disziplinarischer Führungsverantwortung und fachlichen Managementaufgaben.

Mein Coaching ist kein Konzept für beliebige Zielgruppen, sondern richtet sich an Unternehmer, Gründer, Selbständige, Freiberufler, Führungskräfte, Manager und Fachkräften mit hochverantwortlichen Aufgaben, die unter anspruchsvollen und komplexen Rahmenbedingungen agieren.

Mein Coaching ist für Menschen aus der beschriebenen Gruppe, die in einer tiefgreifenden Krisen- und Umbruchphase von Leben, Beruf und Persönlichkeit stecken – und endlich die beste Phase ihres Lebens erleben wollen. 80 Prozent meiner Coachees sind männlich, fast alle sind Akademiker.

Mein Coaching für Deine Neuausrichtung ist ein ganzheitlicher, personenzentrierter und interaktiver Begleitungsprozess, der komplexe berufliche, persönliche und private Inhalte und Themen umfassen kann und wird.

Wir beide - Coachee und Coach - begegnen uns auf gleicher "Augenhöhe". Wer mit mir zusammenarbeitet, bekommt Präsenz, Klarheit, Direktheit, Fokussierung und Lösungen.

Und dazu brauche ich etwas von Dir, damit wir beide perfekt zusammenpassen! Nämlich echte Veränderungsbereitschaft, Mut zu Entscheidungen, Umsetzungs- und Erfolgsmotivation sowie Selbstverantwortung und Selbstverpflichtung.

Wenn Du Klarheit, Lösungen und Fokus für Deine nachhaltige Neuausrichtung suchst und echte Veränderungsbereitschaft, Motivation und Commitment mitbringst, dann habe ich JETZT noch ein *Geschenk für Dich!*

Mein Geschenk für Deine persönliche Standortbestimmung

Ich schenke Dir 60 Minuten für Dich und Deine persönliche Standortbestimmung, um mit Dir zu klären, wo Du aktuell stehst und wie Deine Neuausrichtung individuell so gestaltet werden kann, dass Du endlich die beste Phase Deines Lebens erlebst – und ein Leben mit tiefer Erfüllung, nachhaltigem Erfolg und persönlichem Wohlbefinden führst.

Nutze die kostenfreie Beratung zum individuellen Check Deines Lebens - und vereinbare JETZT ein *kostenfreies Beratungsgespräch* mit mir, in dem Du Klarheit darüber bekommst, wo es in Deinem Leben und Beruf gerade stockt, warum Du bisher nicht weiterkommst, und wie der Weg zu Deiner Neuausrichtung aussehen kann.

Und Du bekommst Klarheit und Sicherheit, was Du tun kannst, wenn es auf Deinem neuen Lebensweg schwierig wird - und wie ich Dich dabei umfassend als Experte für Neuausrichtung auf Deiner Entwicklungsreise begleiten könnte.

Kostenfreie Beratung für Unternehmer, Selbständige und Manager

Unter *https://saschamaurer.coach/termin* suchst Du Dir einen passenden Termin mit mir aus - und dann treffen wir uns in meinem Zoom-Meeting-Raum und besprechen Deine aktuelle Lebenssituation und Dein persönliches Anliegen!

Ich freue mich auf Dich – und vergiss nie: *Erfinde Dich JETZT neu, bevor das Leben Dich dazu zwingt!*

●

Nachwort

„Sei still und wisse, dass Du frei bist!"

Sascha Maurer (geb. 1965)

Zusammenfassend möchte ich Dir zum Abschluss noch zwölf Erkenntnisse mit auf Deine bewusste Entwicklungs- und Lebensreise mitgeben – es werden sicher nicht die letzten Geschenke Deines einzigartigen Lebens sein!

1. Erfinde Dich jederzeit neu, bevor es das Leben tut! Das Leben wartet nicht, bis Du bereit bist, Dich zu ändern – doch bietet es Dir mit jedem Atemzug, mit jedem Tag, mit jeder Krise die Möglichkeit zu bewusstem Wachstum, Entwicklung und Transformation.

2. Für das Leben, die Natur, den Kosmos sind wir alle gleich! Das Leben – nicht der Mensch - macht keinen Unterschied, welchem Geschlecht, welchem Milieu, welcher Nationalität, welcher Religion wir angehören, es behandelt uns alle gleichwertig.

3. Das Leben ist keine Selbstverständlichkeit! Das Leben ist ein großes, kostbares Geschenk, das wir bewusst, achtsam und liebevoll annehmen dürfen. Jeder Atemzug ist ein Ausdruck des - nicht selbstverständlichen - Wunders, am Leben zu sein.

4. Jede Krise ist eine Herausforderung, die aus Dir etwas heraus fördert und fordert! Echtes und Falsches in Deinem Leben werden sichtbar, Reales und Ideales offenbaren sich, Ängstliches und Mutiges streiten miteinander, Notwendiges und Mögliches bahnen sich ihren Weg ins Leben.

5. Das Äußere hält Dich an, im Inneren anzuhalten! Jede Lebenskrise, jedes Lebensereignis schenkt uns die Chance, bewusst innezuhalten, sich dem Inneren und Äußeren zu stellen, ehrlich zu bilanzieren, was stimmig und wahrhaftig ist.

6. Sei dankbar für das, was Du bist und hast! Dankbarkeit ist die beste Möglichkeit, dem Leben zu zeigen, dass Du dessen und Deine Einzigartigkeit würdigst. Dankbarkeit auszudrücken, ist das Eingangstor zu innerem und äußerem Frieden.

7. Segne und stärke die Kraft der Gemeinschaft! Deine Bewusstheit in Schrift, Sprache und Verhalten erschafft anschlussfähige Kommunikation. Bewusstes, sorgfältiges Was und Wie - auf Basis von Fakten - erhält Gemeinschaft, Beziehungen und Verbindungen auf allen Ebenen Deines Lebens.

8. Tue hier und jetzt, was Du morgen vorhast zu tun! Da die Köstlichkeit des Lebens morgen vorbei sein kann, nutze jeden Augenblick, das zu tun, was Dir von Herzen wichtig ist und das Wohl aller Menschen fördert. Lebe, als ob heute der entscheidendste Tag Deines restlichen Lebens sei.

9. Akzeptiere das, was und wie es ist, damit es veränderbar wird! Jede Veränderung beginnt mit der Annahme dessen, was Du verändern möchtest. Gestehe dem, was ist, zu, dass es ist, damit Du einen Zugang zur Veränderung findest – oder es Dir einen Zugang zur Veränderung schenkt.

10. Loslassen ist der schnellste Weg zum echten Neuanfang! Ohne Festhalten am Ballast des Vergangenem lässt sich Dein Lebensrucksack auf Deiner weiteren Lebens- und Bewusstseinsreise leichter tragen und mit Bewährtem, Neuwertigem und Großartigem füllen.

11. Scheitern ist keine Schande, sondern Chance! Nimm Scheitern als Durchgangsstation zum Erfolg an. Handle achtsam, klar und konsequent, probiere Dich mutig aus – und lerne aus dem, was Dir geschieht, eine noch großartigere Version von Dir zu erschaffen als diejenige, die Du bereits bist.

12. Das Geheimnis Deines wahren Wertes: Egal, was Dir bisher gelungen oder misslungen ist, egal, ob Du etwas geleistet, erreicht hast oder Du gescheitert bist, egal, ob Dich andere anerkennen, wertschätzen, belohnen oder nicht, *Du warst und bist schon von Geburt an ein liebenswerter, wertvoller und fähiger Mensch!*

Du warst mit dem ersten Atemzug Deines Lebens ein bedingungslos liebenswertes, besonders wertvolles und außergewöhnlich kompetentes Wesen, das immer schon fähig war, frei von jeglichen Urteilen, Konflikten und Schuld zu sein,…

…und bist in all Deiner existenziellen Unschuld fähig, die höchste, tiefste und reinste Form der persönlichen Freiheit zu erleben: *Frei von Dir selbst zu sein!*

In diesem Sinne wünsche ich Dir persönliche Freiheit, Klarheit, Sinnerfüllung, Erfolg und Nachhaltigkeit auf Deinem weiteren Lebensweg - hin zur großartigsten Version Deines Selbst, hin zur besten Phase Deines kostbaren Lebens!

In Liebe achtsam, klar und konsequent.

Dein Sascha **Maurer.**
Der **Neuausrichter.** Für **das Beste in Dir.**

Hopfen am See,
16. Dezember 2020

Zur Person

Sascha Maurer ist *Experte für die Neuausrichtung von Leben, Beruf und Persönlichkeit* sowie ausgebildeter Diplom-Psychologe, Diplom-Betriebswirt/FH und Life & Business Coach.

Vor seiner selbständigen Tätigkeit war er mehr als zehn Jahre in marktführenden Unternehmen der Automobilindustrie (DaimlerChrysler), der Wirtschaftsprüfung (PricewaterhouseCoopers) und des Versandhandels (QVC) als Personal- und Organisationsentwickler, Senior Trainer und Berater sowie als Leiter der Personal- und Organisationsentwicklung tätig.

Professioneller Wegbegleiter mit Klarheit, Mut und Herz

In dieser Zeit gewann er unter anderem für DaimlerChrysler den Deutschen Trainingspreis in Silber für ein Förderprogramm für potentielle Führungskräfte und baute für den Teleshopping-Marktführer QVC in Deutschland die Funktion der Personal- und Organisationsentwicklung erfolgreich auf.

In seiner selbständigen Tätigkeit als Berater, Trainer und Coach legte er zunächst die Schwerpunkte auf Führungskräfte-, Organisationsentwicklung und Change Management. Die existenzielle Erfahrung von Sascha Maurer, fast in einen Burnout zu geraten, führte dazu, dass er sich als Psychologe, Lebensberater und Business Coach auf die Lebensbalance, Sinnstiftung und Neuausrichtung im Leben und Beruf von Unternehmern, Selbständigen und Managern konzentrierte.

Lebens-, führungs- und berufserfahrener Business Coach

Als Experte für Neuausrichtung von Leben, Beruf und Persönlichkeit entwickelte Sascha Maurer einen psychologisch fundierten und wirksamen Beratungs- und Coaching-Prozess, den er sich vom DACH-PP e.V. erfolgreich zertifizieren ließ. Dieser ist Grundlage für die systematischen und nachweislich effektiven Beratungs- und Coaching-Programme zur Neuausrichtung von beruflichen und persönlichen Lebenssituationen auf sinnstiftende Lebens- und Karriereziele und deren erfolgreicher Umsetzung.

Seine Lebensaufgabe besteht darin, *das Beste im Menschen zum Hervorscheinen zu bringen* und Unternehmern, Selbständigen und Managern zur besten Phase ihres Lebens zu verhelfen. Seine Vision: *Eine Welt voller nachhaltig sinnerfüllter und erfolgreicher Menschen.*

Seine persönlichen Werte sind: *Freiheit & Verantwortung, Bewusstheit & Selbsterkenntnis, Selbstbestimmung & Mut, Liebe & Achtsamkeit, Selbstverwirklichung & Erfolg.*

Nachweislich wirksames Coaching zur Neuausrichtung

Die Online- & Live-Coaching-Programme von Sascha Maurer zur *„Neuausrichtung JETZT!"* zeigen Dir maßgeschneidert, systematisch und umfassend begleitet, wie Du Deine Lebenssituation erfolgreich und nachhaltig veränderst, Dein Leben und Beruf effektiv neuausrichtest, sinnvolle Lebens- und Karriereziele findest und diese effektiv, erfolgreich und erfüllt umsetzt.

Gerne steht Dir Sascha Maurer als Psychologe, Betriebswirt/FH, Life & Business Coach und Experte für Deine Neuausrichtung von Leben, Berufung und Persönlichkeit beratend und begleitend zur Seite – unter:

Kontakt über **https://saschamaurer.coach/termin** oder per Mail an **s.maurer@mylifetalents.de.**

Kundenstimmen

„Sascha Maurer ist ein wert- und anspruchsvoller Sparrings-Partner. Bereits der kostenfreie Beratungstermin war ein so inspirierendes Gespräch, dass ich mich riesig auf die gemeinsame Arbeit gefreut habe. Und schon nach kurzer Zeit unserer Zusammenarbeit bin ich dankbar für Saschas Unterstützung. Sascha ist echt gut!"

Carsten F., Unternehmer, M&A Beratung

„Sascha wandelt Ideen in Ziele und Probleme in Lösungen: Klarheit und Verbindlichkeit erzeugen, konstruktiv ehrlich sein, einem selbst einen Spiegel vorsetzen und Ordnung sowie Perspektive schaffen, dies und vieles mehr ist Sascha Maurer!"

Dr. Georg S., HR Senior Compensation & Benefits Specialist, Bankwesen

„Sascha Maurer ist ein äußerst empathischer Zuhörer, analytischer Berater und kompetenter Psychologe: Sascha konnte mir mit seinem Programm helfen, die individuelle Motivation zu identifizieren, er konnte strukturiert analysieren und umsetzbare Lösungsvorschläge herausarbeiten. Das alles hat er auf eine verständnisvolle wie zielführende Art erreicht, bei der die Erkenntnisse ebenso deutlich herausgearbeitet wurden wie die nächsten Entwicklungsschritte. Ich kann Sascha für persönliches und berufliches Coaching zur Neuausrichtung uneingeschränkt empfehlen."

Rolf C. Z., Geschäftsführer, Beratung & Consulting

„Perfekte Unterstützung auf meinem persönlichen Weg: Die Arbeit mit Sascha Maurer hat mir neue Denkweisen und Wege auf meinem persönlichen Lebensweg aufgezeigt. Das Vorgehen von Sascha ist sehr strukturiert, bietet aber genügend Freiräume, um auf individuelle und aktuelle Themenstellungen eingehen zu können. Der Umgang von Sascha mit den persönlichen Problemstellungen ist sehr

professionell, höflich und behutsam. Dadurch wurde in den Gesprächen Vertrauen aufgebaut, um an den Themenstellungen offen und ehrlich arbeiten zu können. Durch gezielte Fragen schafft er es sehr gut, eigene Lösungen und Ressourcen zu aktivieren. Das Coaching kann ich jedem weiterempfehlen, der nach neuen Wegen in seinem Leben sucht und bereit ist, an sich zu arbeiten!"

Stephanie W., Stiftungsmanagerin Erziehung, Bildung & Wissenschaft

„Ich kenne und schätze Sascha seit über 20 Jahren: Zu seinen ausgewiesenen Stärken zählen zweifellos das Zuhören mit echtem Interesse an der Person sowie seine Fähigkeit zur Analyse und Reflexion. Beide Eigenschaften zusammen ermöglichen es ihm, genau die starken Fragen zu stellen, die neue Perspektiven in Leben, Beruf und Persönlichkeit bringen."

Christian S., Director Global Marketing, Communication & Culture, Maschinenbau

„Maßgeschneiderte Lösungen durch ganzheitlichen Ansatz ohne Esoterik: Sascha Maurer unterstützte mich bei der Karriere- und Lebensplanung. Durch eine gute Vorbereitung konnten wir schnell und effektiv die Kernthemen herausarbeiten. Hierbei bezog er sowohl die beruflichen Ziele als auch die privaten Ziele ein. Hieraus erarbeiteten wir ein Gesamtbild, was einfach immer noch passt. Ich sehe klar in die Zukunft, bin fokussiert und kann die richtigen Entscheidungen für mich treffen."

Dr. Tim S., Werkleiter, Pharmazeutische Produkte & Arzneimittel

Literaturempfehlung

- Beckwith, M. B. (2009). *Entscheide dich für die Freiheit. Unser Seelenpotenzial entdecken und entfalten.* 1. Aufl., München: Kailash Verlag.
- Blickhan, D. (2014). *Handbuch Angewandte Psychologie. Ausbildung Level 1: Zertifizierter Anwender der Positiven Psychologie.* Großkarolinenfeld: Inntal Institut.
- Diener, E. (1984). *Subjective well-being.* Psychological Bulletin, 95, 542-575.
- Diener, E., Suh, E., Lucas, R. E., & Smith, H. L. (1999). *Subjective well-being: Three decades of progress.* Psychological Bulletin, 125, 276-302.
- Duhigg, C. (2012). *Die Macht der Gewohnheit. Warum wir tun, was wir tun.* 2. Aufl., Berlin: Berlin Verlag.
- Ernst, H. (2010). *Sinn: Suchet und ihr werdet finden.* In: Psychologie Heute, 04/2010, 20-27.
- Frank, R. (2010). *Wohlbefinden fördern – Positive Therapie in der Praxis,* Stuttgart: Klett-Cotta Verlag.
- Fredrickson, B. L. (2011). *Die Macht der guten Gefühle: Wie eine positive Haltung Ihr Leben dauerhaft verändert.* Frankfurt/New York: Campus Verlag.
- Fromm, E. (1993). *Die Furcht vor der Freiheit.* München: dtv Verlag.
- Kaufman, S. B. (2020). *Transcend: The New Science of Self-Actualization.* New York/NY: TarcherPerigee.
- Lally, P., Van Jaarsveld C. H. M., Potts H. W. W. & Wardle, J. (2010). *How are habits formed: Modelling habit formation in the real world.* Eur. J. Soc. Psychol. 40, 998–1009.
- Maurer, S. & Jung, P. (2001). *Global Parts Förderprogramm E4 (DaimlerChrysler AG). S-Klasse für High Potentials.* In: BDVT e.V. (Hrsg.). (2001). *Training mit Gewinn. Gewinnerkonzepte des Deutschen Training-Preises.* Offenbach: GABAL Verlag.
- Maurer, S. (2012). *Sinnorientiertes Prozessmodell für Erfolg und Wohlbefinden. Coaching und Beratung für ein Leben mit Sinn und Erfolg.* Unveröffentlicht. München/Füssen.
- Maurer, S. (2014). *Sinnorientiertes Prozessmodell für Erfolg und Wohlbefinden. Abschlussarbeit zum Certified Professional of Positive Psychology.* Unveröffentlicht. Füssen/Hopfen am See.

- Müller, G. F. (2007). *Berufliche Selbstständigkeit*. In: K. Moser (Hrsg.), Wirtschaftspsychologie (S. 379-398). Heidelberg: Springer.

- Pépin, C. (2017). *Die Schönheit des Scheiterns. Kleine Philosophie der Niederlage*. München: Carl Hanser Verlag.

- Peterson, C. & Seligman, M. E. P. (2004). *Character strengths and virtues*. New York, NY: Oxford University Press.

- Rauen, C. (2020). *Coaching-Report*. In: https://www.rauen.de/ coaching-report/definition-coaching.html.

- Rolfe, M. (2019). *Positive Psychologie und organisationale Resilienz. Stürmische Zeiten besser meistern*. Berlin: Springer.

- Ryff, C. D. (1989). *Happiness is everything, or is it? Explorations on the meaning of psychological well-being*. Journal of Personality and Social Psychology, 57, 1069-1081.

- Schallberger P. (2004). *Junge Gründerinnen und Gründer: Motive, ökonomisches Denken und Möglichkeiten der Förderung*. Synthesis. NFP Nr. 43. Bern/ Aarau.

- Scholl, W. (2007). *Das Janus-Gesicht der Macht: Persönliche und gesellschaftliche Konsequenzen Rücksicht nehmender versus rücksichtsloser Einwirkung auf andere*. In: B. Simon (Hrsg.). (2007). *Macht: Zwischen aktiver Gestaltung und Missbrauch* (S. 27-46). Göttingen: Hogrefe.

- Seligman, M. E. P. (2011). *Flourish. Wie Menschen aufblühen. Die Positive Psychologie des gelingenden Lebens*. München: Kösel Verlag.

- Schnell, T.; Becker, P. (2007). *Der Fragebogen zu Lebensbedeutungen und Lebenssinn (LeBe)*. Göttingen: Hogrefe Verlag.

- Storch, M., & Krause, F. (2007). *Selbstmanagement – ressourcenorientiert. Grundlagen und Trainingsmanual für die Arbeit mit dem Zürcher Ressourcen Modell*. Bern: Huber Verlag.

- Weber, A. (2013). *Berufserfolg und Lebenszufriedenheit*. Dissertation. Duisburg/Essen: Universität.

- Wood A. M., Froh J. J. & Geraghty, A. W. A. (2010). *Gratitude and well-being: A review and theoretical integration*. Clinical Psychology Review, doi:10.1016/j.cpr.2010.03.005.

- Wong, P. T. P. (2012). *The meaning mindset: Measurement and implications*. International Journal of Existential Psychology and Psychotherapy, 4 (1), 1-3.

Anhang

Persönliche Lebensstilanalyse zur Neuausrichtung JETZT!

Ziel der Lebensstilanalyse ist es, die Ausgangssituation, die vorhandenen Ressourcen und Entwicklungspotenziale, die bestehende Veränderungsmotivation sowie geeignete Hypothesen und Ansatzpunkte für Deine Neuausrichtungs- und Umsetzungsplanung in den relevanten Lebensstilen bzw. Lebensbereichen zu ermitteln.

1. *Dein Zugang zum Coaching-Angebot*: Eigene Recherche oder auf Empfehlung; Hinweise auf die allgemeine Veränderungsmotivation und weiteren Informationsbedarf

2. *Deine allgemeine Motivation*: Erfassung des Coachingziels; Hinweise auf die persönliche Motivation zur Lebensstilveränderung und auf möglichen Schwerpunkt in der Coaching- und Beratungsplanung zur Neuausrichtung

    a. Was soll sich durch eine Zusammenarbeit mit einem professionellen Coach verändern?

    b. Was müsste sich am Ende einer Zusammenarbeit mit einem Coach verändert haben, so dass Du sagen könntest: *„Das hat sich für mich gelohnt!"*

3. *Tagesrhythmus*: Hinweise auf Ressourcen sowie auf Stressoren und Stressbewältigungsmuster

    a. Wie gestaltest Du Deinen Tag?

    b. Wann stehst Du auf, wann gehst Du ins Bett?

    c. Was bestimmt Deinen Tagesablauf?

    d. Bist Du mit dem Tagesablauf zufrieden?

    e. Wenn nein, was würdest Du gerne verändern?

4. *Lebensstil/-bereich „Ernährung":*
   a. Beschreibe bitte ein typisches Frühstück, Mittagessen und Abendessen!
   b. Wann, wo und mit wem nimmst Du die Mahlzeiten ein?
   c. Wie häufig isst Du in der Woche Obst, Gemüse, Fleisch, Wurst oder Fisch?
   d. Wieviel trinkst Du am Tag, was trinkst Du?
   e. Wie häufig trinkst Du Kaffee oder Alkohol?
   f. Bist Du mit Deinem Essverhalten zufrieden?
   g. Wenn nein, was würdest Du gerne verändern?

5. *Lebensstil/-bereich „Bewegung":*
   a. Wie oft und wie lange bewegst Du Dich in der Woche?
   b. Wenn keine: Was hast Du früher gerne gemacht?
   c. Welche Bewegung im Alltag praktizierst Du?
   d. Bist Du mit dem Bewegungsverhalten zufrieden?
   e. Wenn nein, was würdest Du gerne verändern?

6. *Lebensstil/-bereich „Entspannung":*
   a. Wobei kannst Du Dich gut entspannen?
   b. Wie sorgst Du für Entspannung in Deinem Alltag?
   c. Kennst Du Entspannungsübungen/-techniken?
   d. Wenn ja, welche? Übst Du regelmäßig? Wie oft?
   e. Bist Du mit Deiner Entspannungspraxis zufrieden?
   f. Wenn nein, was würdest Du gerne verändern?

7. *Lebensstil/-bereich „Atmung":*
   a. Hast Du Probleme mit der Atmung?
   b. Nimmst Du Deine Atmung im Alltag bewusst wahr?
   c. Verändert sich Deine Atmung, wenn Du in Stress gerätst?

d. Kennst Du Atemübungen, die Du z.B. in Stresssituationen einsetzen könntest?

e. Rauchst Du? Wenn ja, wie lange? Wieviel Zigaretten am Tag?

f. Bist Du mit diesem Lebensstilbereich zufrieden?

g. Wenn nein, was würdest Du gerne verändern?

8. *Lebensstil/-bereich „Schlaf":*

   a. Wie lange schläfst Du in der Regel?

   b. Kannst Du gut einschlafen bzw. durchschlafen?

   c. Wenn nein, was hält Dich vom Einschlafen ab?

   d. Wann gehst Du in der Regel ins Bett, wann stehst Du auf?

   e. Wie fühlst Du Dich beim Aufwachen?

   f. Bist Du mit Deinen Schlafgewohnheiten zufrieden?

   g. Wenn nein, was würdest Du gerne verändern?

9. *Lebensstil/-bereich „Freizeit":*

   a. Was tust Du in Deiner arbeitsfreien Zeit?

   b. Hast Du Hobbies?

   c. Wenn ja, welche? Wieviel Zeit widmest Du Deinen Hobbies?

   d. Wieviel Zeit verbringst Du vor dem Fernseher, privat am Computer, Smartphone, Tablet oder ähnlichem?

   e. Bist Du mit Deiner Freizeitgestaltung zufrieden?

   f. Wenn nein, was würdest Du gerne verändern?

10. *Lebensstil/-bereich „Beruf und Leistung":*

    a. Bist Du berufstätig?

    b. Wenn ja, worin besteht Deine Tätigkeit?

c. Bist Du erfolgreich in Deiner beruflichen Tätigkeit?

d. Macht Dir Deine Arbeit Freude?

e. Erlebst Du diese als sinn- und bedeutungsvoll?

f. Gibt es Belastendes in Deiner Arbeit?

g. Wie sind Deine beruflichen Zukunftsaussichten?

h. Bist Du mit Deiner Arbeit bzw. Deinem Beruf zufrieden?

i. Wenn nein, was würdest Du gerne verändern?

11. *Lebensstil/-bereich „Finanzen":*

a. Wie sieht Deine finanzielle Situation aus?

b. Hast Du finanzielle Sorgen?

12. *Lebensstil/-bereich „Soziale Beziehungen":*

a. Wie lebst Du?

b. Wenn allein, wie ist das Single-Leben für Dich?

c. Wenn mit (Ehe-)Partner:

- Wie lange besteht die Beziehung schon?

- Was schätzt Du an Deinem/r Partner/in?

- Welche Schwierigkeiten gibt es in Deiner Partnerschaft?

d. Wenn mit Kind/Kindern:

- Wie alt ist/sind diese/s?

- Was bereit Dir Freude an Deinen Kindern?

- Welche Schwierigkeiten gibt es mit Deinen Kindern?

e. Wenn in einer anderen Lebensform (z.B. WG):

- Was ist dabei unterstützend?

- Was ist schwierig?

f. Familienkontakte:

- Wie ist der Kontakt zu den Eltern?

- Wie ist der Kontakt zu anderen Familienmitgliedern?

g. Freundeskreis:

- Zu wem hast Du sonst noch regelmäßigen Kontakt?
- Wie viele gute Freunde hast Du, an die Du Dich jederzeit wenden könntest?

h. Soziale Unterstützung:

- An wen wendest Du Dich, wenn Du Hilfe oder Unterstützung brauchst?
- Fühlst Du Dich in Deinem sozialen Netz gut aufgehoben und unterstützt?
- Bist Du mit Deinem sozialen Netzwerk und Deinen Beziehungen zufrieden?
- Wenn nein, was würdest Du gerne verändern?

13. *Lebensstil/-bereich „Spiritualität":*

a. Was gibt Dir Sinn im Leben?

b. Hat Glaube für Dich eine Bedeutung?

c. Wenn ja, was gibt er Dir?

d. Was hinterlässt Du nachfolgenden Generationen?

e. Für wie nachhaltig hältst Du Dein Leben?

f. Bist Du in diesem Lebensstilbereich zufrieden?

g. Wenn nein, was würdest Du gerne verändern?

14. *Selbstkonzept und Selbstwirksamkeit:*

a. Was kannst Du besonders gut?

b. Welche sind bisher Deine größten Erfolge im Leben?

c. Worauf bist Du stolz?

d. Was empfindest Du bei Dir eher als Schwäche?

e. Kannst Du „Nein" sagen, wenn Dir etwas zu viel wird?

f. Wenn Du Dir etwas vorgenommen hast, wie gut gelingt Dir die Umsetzung auch bei widrigen Umständen?

g. Bist Du mit Dir selbst zufrieden?

h. Wenn nein, was würdest Du gerne verändern?

15. *Stress und Stressbewältigung:*

a. Wodurch fühlst Du Dich belastet bzw. überlastet?

b. Womit bringst Du Dich selbst unter Stress?

c. In welchen Situationen gerätst Du in Stress?

d. Wie fühlst Du Dich in solchen Situationen?

- Wie reagieren Dein Körper und Deine Atmung?
- Welche Gedanken tauchen auf?
- Welche Gefühle sind mit den Stresssituationen verbunden?

e. Wie gehst Du mit stressauslösenden Situationen um?

f. Nimmst Du Deine Belastungsgrenzen wahr?

g. Welche Strategien zur Stressbewältigung stehen Dir zur Verfügung?

h. Siehst Du stressauslösende Situationen eher als Herausforderungen oder als Bedrohungen?

i. Wie sorgst Du für den Ausgleich?

j. Bist Du mit Deinen Fähigkeiten der Stressverarbeitung zufrieden?

k. Wenn nein, was würdest Du gerne verändern?

16. *Zusammenhang Lebensstil und Symptome:*

a. Welche gesundheitlichen Symptome – psychischer oder physischer Natur – treten in Deinem Leben wiederholt oder verstärkt auf?

b. Siehst Du in irgendeiner Form einen Zusammenhang zwischen Deinem Lebensstil - in der Art, wie Du Deinen

Lebens- und Berufsalltag gestaltest - und dem Auftreten der von Dir beschriebenen Symptome?

c. In welchem/n Lebensstilbereich/en erscheint Dir eine Veränderung besonders dringlich?

d. In welchem/n Lebensstilbereich/en wird Dir eine Veränderung am leichtesten gelingen?

e. In welchem/n Lebensstilbereich/en wird Dir eine Veränderung am schwierigsten gelingen?

f. Womit willst Du im Rahmen Deiner Neuausrichtung JETZT starten?

Sascha **Maurer**

Neuausrichtung **JETZT!**

ERFINDE DICH NEU, BEVOR ES DAS LEBEN TUT

Wie Du Dein Leben, Deinen Beruf und Deine Persönlichkeit nachhaltig sinnvoll und erfolgreich neuausrichtest

Coaching by Sascha **Maurer**.
Der **Neuausrichter**. Für **das Beste in Dir**.